正しく儲ける「起業術」

カネなし、コネなし、経験なし、ゴマカシなしでOK!

起業・独立情報誌
月刊アントレ［編］

起業・独立界のカリスマ
増田紀彦［著］

アスコム
アスキー・コミュニケーションズはアスコムに社名変更しました。

ホリエモンにはガッカリですよ～。ああいう人になりたいと思ってたのに（L男）

――まあ、そうしょげるなって。そもそもさあ、キミが彼のような起業家になれる可能性は、万に一つもないんだから。自分でもそう思うだろ。

L男　えっ、それ、僕のことバカにしてるんですか？　そういうことですよね？

――バカになんてしてないよ。事実を言っただけだもん。

L男　事実って、まだ、そんなこと、わからないじゃないですか。

――わかるよ。キミは今、ああいう人になりたいと思ってたのに……って言ったろ。それは、もう思ってないってことだよね。そんなふうに、簡単に目標を放棄する人間が、というか、他人のスキャンダルごときで、自分の将来を左右されちゃうような人間がだよ、世間に影響を与えるような人物になれるのかねえ？

L男　それはそうかもしれませんが、でも、ホリエモンはまずくないですか？

――関係ないでしょ。キミの人生と彼の人生とは。それともキミは評論家か？

L男　そうじゃないですけど、でもやっぱり問題だと思うんですよねえ。

――問題だとして、だからそれがどうした？　私はね、キミが本気で起業したいって言うから、相談に乗ってきたんだ。キミの才能と夢を、どうやって起業に結びつけるか、それを語り合ってきたんだろ。ホリエモン談議で盛り上がりたいなら、株で損した友達とやってくれよ。六本木ヒルズの居酒屋かなんかで。

L男　ええと、あそこに居酒屋なんかあったかなあ……。

――コラコラ。そんなとこにツッコミ入れてどうすんの？　マジメにやろうぜ。キミは「自分も社会を変えるような起業家になりたい」って言ってたよね。

L男　はい。言いました。

――だったらなればいいじゃん。目指せばいいじゃんか。あらためて聞くけど、キミは**「ホリエモンのような起業家」になりたいのか、それとも「社会を変えるような起業家」になりたいのか**、実際のところはどっちなの？

L男　すいません。そのへんが自分でもわからなくなっちゃったんです。

――誰かに憧《あこが》れるのはかまわないよ。でもね、自分は自分だ。だから自分のやり方で社会に影響を与えればいいんだ。何も球団買収だけがプロ野球に貢献する方法かなあ。新しいユニフォームのデザインを考案する。選手のメンタルトレーニング法を開発する。高品質で低コストのボールを製造する。球場の周辺に面白いショップを出す。いくらだってあるよね。要は、自分自身が好きなことで、なおかつ得意なことで世間の役に立つ。それが筋道じゃないかな。

L男 あ、それ、先生にずっと言われてましたよね。自分の土俵で勝負しろって。

——そうだ。キミが**一番頑張れる方法で世の中に挑む**べきなんだよ。

L男 ホントそうですね。ただ、ちょっとショックだったんで、つい……。

——わからなくもないけど。私だってホリエモン逮捕のニュースには驚いたよ。でも、すぐに思ったね。私はもともとホリエモンをたくさん生み出すために、起業の支援をしているわけじゃないって。むしろ逆。その人らしい人生を実現してもらうための手段として、私は起業・独立を勧めている。だから、このニュースに私がひるんだら、私が私の考えを否定することになるってね。

L男 そうだったんですか。先生もいろいろと考えられたんですね。

——まあね。とにかく**自分らしい人生を過ごすための選択と挑戦、それが起業**だ。

L男 いいですね、その言葉。なんかスッキリしました。僕、頑張ってみます。

——よっしゃー。その意気だ。ほんと頑張ろうな。お互いに！

あらためて、まえがき

冒頭の、ホリエモンに憧れる青年と私(筆者)との会話は、完璧なフィクションです。こんなふうに悶々《もんもん》とする若者がきっといるはず。そう思った私が一人二役を演じました。実はこの後から始まる30件の相談事と、それへのアドバイスも、すべて私の創作です。「な〜んだ。つくり話か」。ガッカリしましたか？　では、いいことを教えましょう。なぜ、私が一人二役を演じられるのか。その理由に、起業・独立を目指す人にとっての重要な指針が隠されています。

＊＊＊

私が起業・独立を果たしたのは1986年。27歳の時でした。「企業の10年残存率は、わずか20％前後」と言われる中、よくぞ20年間も続けてきたものだと我ながら感心します。もっともその歴史は、順風満帆などとはほど遠く、むしろ波乱万丈と表現したほうがピッタリくるような歳月でした。

＊＊＊

お金に絡むことだけを思い出してみても、数々のピンチがありました。売り上げの未回収、約束手形の決済日引き延ばし、資金のショート、限度額いっぱいまでの借金、大手顧客による執拗《しつよう》な「袖《そで》の下」の要求、賄賂《わいろ》加担の打診、自社の経理部社員の横領……。まだまだあります。が、こうやって短くまとめてしまうと、「よくある話」の羅列に見えるでしょう。でも、あなたが起業・独立を果たせば、今度は、それがあなたにとっての「よくある話」になるのです。

＊＊＊

これから登場する不安げな相談者たちは、その「よくある話」に初めてぶつかった時の私自身であり、相談者を叱咤《しった》激励する先生は、それを解決した後の私です。つまり一人二役の問答は、ひ弱な新米起業家も、壁を一つひとつ乗り越えていけば、必ずたくましい経営者になれるということの証明と言えるでしょう。

＊＊＊

反対に言えば、起業・独立を果たした人間が、社会で活躍する人物になるためには、様々な経験をするしか手立てはないということです。アタマではなくカラダで覚えろ。むしろ、様々な問題をクリアすべく、知恵と力と勇気を発揮することで、人間として成長できることを喜びとする。起業・独立という人生選択の真価はそこにあると私は思っています。そして、あらゆる面での豊かさは、そういう「徳」を養ってきた人間のところに集まるものです。

＊＊＊

しかし、実際に問題を解決するためには、様々な知識や知恵、人脈が必要になります。それらがないために解決が遅れたり、最悪の場合、解決できずに大きな痛手をこうむったり、ということも起こり得るのです。私自身、お金のこと以外にも、社員との問題や顧客との問題、あるいは事業自体のあり方をめぐる問題、さらには詐欺師や悪徳業者との問題などに遭遇してきました。また、そうした悩みが引き金となって、自らの健康や生活に問題が起きてしまったこともあります。つい最近では、私のオフィスが入居するビルが解体されることになり、明け渡しをめぐる攻防を1年近く続けたばかりです。こうした問題は、言うまでもなく一つひとつ解決方法が異なります。私は事件が起きるたびに、その問題に関連した書籍やサイトを探し回り、あるいは、その問題に通じた人物を訪ね歩く、ということを繰り返しました。そのたびに思ったものです。「起業家が遭遇しそうなピンチについて、まとめて書いてある本があればいいのに」と。いわば本書は、ひとりの起業家である私自身の体験とニーズから生み出された一冊です。

＊＊＊

もちろん、これから相談者として登場する人物の中には女性もいますし、様々な仕事に就く人もいます。また、アドバイスには税務や法務など、専門的な内容も含まれています。メッセージの骨格こそ私自身の信念によるものですが、肉と皮は、私が『月刊アントレ』や『独立事典』（ともにリクルート発行）の編集者としてお会いした、多くの起業家や専門家から与えていただいたものにほかなりません。実際、本書の原稿の大半は、私が3年間にわたってアントレに連載した記事を書籍用に書きあらためたものです。つまり、アントレなくして本書の誕生はあり得なかったのです。

＊＊＊

1996年の秋。翌年春の創刊を目指したアントレの編集に私は参加しました。今もなお、その任務に全力で取り組んでいます。気がつけば、私はひとりの起業家であると同時に、ひとりの起業・独立情報誌の編集者になっていました。まさに一人二役。"雇われない生き方"を選ぶ人々に本書を送り届けることは、そんな希有《けう》な職業人生を歩む私の使命（命の使い道）だと確信しています。読者の皆さんが、全編全情報を徹底的に活用されることを心の底より念じます。

2006年　早春　増田紀彦

正しく儲ける「起業術」もくじ

――CONTENTS――

第一章　ムリだと思う人こそ、起業しなさい！

第三章　金銭トラブルに、寸止めの裏ワザあり！

第一章

ムリだと思う人こそ、起業しなさい！

アナタの悩みが武器になる！
ハンデ逆転のツボを伝授。

●起業の鉄則 その1

貧乏人ほど、起業に向いている！

フリーター歴5年。貯蓄はゼロです。金がないと起業はできませんよね？（F太）

☞できないと思えばできない。

F太　そ、そんな哲学的なことを言われても……。

――哲学？　キミ、言うことが面白いねえ。

F太　面白くても、金がないですから。もう、ムチャクチャないっすからねえ。

――何でそんなに金がないんだよ？

F太　フリーターなんすよ。

――ふーん。だったら、普通に仕事をすればいいんじゃないの？

F太　それはそうですけど、いろいろとやりたいことがあって、どうしても時間の拘束があると都合が悪いんです。

――何だそれ？　その、就職もしないでやりたい、いろいろってのは。

F太　ボランティアっす。自分はですね、こう見えても、けっこう災害救援ボランティアとかマジでやってるんですよ。

――へー。でも、何で資金がいるの？　というか、それと起業が関係するわけ？

F太　店舗を借りる資金が必要なんすよ。リサイクルショップをやりたいんですよね。そんで、**収益の一部をいいことに使う計画**なんです。さっきも言ったように災害救援ボランティアをやってるんですが、やる気はあっても、行く場所によって、交通費の負担だの宿泊費の負担だのがけっこう厳しいんです。

――確かにそうだろうな。

F太　自分自身、復旧活動を手伝いたかったのに、全然金がなくて参加できなかったっていう、最悪の思い出もあるんです。

――なるほど。**勤めれば時間がない。でも、勤めてないから金がない**。そういう矛盾に悩んでいる人は、もしかしたらキミだけじゃないかもしれないね。

F太　はい。だから考えたんです。ボランティアをやる気のある人に、まず会員登録してもらうんです。で、会員になるためには、リサイクルショップで売れる品物を何か無償提供してもらう。その代わり、会員になった人が実際にどこかへ遠征する時は、収益から積み立てたお金で、交通費の一部を支援すると。そういう活動をやりたいんすよ。実際にお金が回るかどうかは不安なんですけどね。

――だよな。収支がうまくいくかどうかは悩ましいところだね。それにルールのつくり方や会員管理の方法、そういうことを考えると難しい面はあるね。

F太　難しいですか……。

――**間違いなく難しい。だけど、間違いなく素晴らしい**。私はそう思うよ。

F太　あ、ありがとうございます。

――細かいことはいろいろあるけど、そのアイデア自体はけっこう魅力的だよ。

F太　金がなくて悔しかったんで、それで思いついただけなんですけど。

——それそれ。それだよ。

F太　えっ、何ですか？

——金がないのは以前も今も同じだろ。今はそのせいで店舗物件が手に入れられなくて、悔しい思いをしているわけだよね。

F太　はい。もうホント、悔しいっす。

——何かをしたいのに、でも、金がない。それで非常に悔しい。でも、やっぱりどうしても、それをやりたい。そういう思いから生まれてくるのは何だ？

F太　うーん、それは……。例えば根性とか情熱とか、そういうことですか？

——そうだ。でも、それだけか？

F太　ええっと……。

——アイデアだろ。つまり**情熱と知恵だよ。実はこいつらって、へたに金を持っていると出てこない**ものなんだ。仮に今、キミは500万円持っているとして、お店を借りたければ、どうする？

F太　そりゃ速攻で不動産屋に行きます。で、いいんでしたっけ？

——まあね。でも普通じゃん、それ。

F太　あっ、確かに情熱も知恵もいらないです。金で全部すんじゃいますね。

——だろ。資金があれば目的はすぐにでも達せられる。でもさ、そういう行為を見て、人はとくに感動はしないよな。

F太　感動はしないっすね……。そっかあ。**「感動」がキーワード**なんだ。つまり、「みんなの活動を応援するために店を出すぞ〜」って宣言して、みんなにも資金協力を頼んだりすればいいんだ。そういうことかあ。

——そうそう。な、やる気もアイデアも出てきたろ。もしキミが金持ちなら、そういう発想はなかなか出てこないぜ。それに、もともとキミの活動は、多くの人にかかわってもらうことに意義があるんだから、自分ひとりで店を出すより、店を出す段階からみんなに参加してもらったほうがいいだろ?

F太　完璧にそのとおりです。

——ところで、会員募集って、そもそもどうやってやるつもりなの?

F太　ふふふ。それはバッチリっす。ボランティア仲間にサイトづくりのプロがいて、そいつが無料で募集サイトをつくってくれるし、そのサイトの宣伝を仲間たちも手伝ってくれるんです。だから、資金提供のお願いもそのサイトでやればいいって今、気づいたんですよ。

――な～んだ。サイトをつくるのか。だったら、そこでほかにも何かできるだろ。

F太　あっ、そうか。資金をためながら、先にネット販売を始めればいいんですよね。会員から商品が出たら、すぐにサイトアップして売ればいいんだ。実際の店舗はもっと後でもいいんだ。なるほど、**金なんかなくても始められますね**。

――正解！　資金がなければ、情熱と知恵を使えばいい。ちょっとやそっとの資金なんかより、そっちのほうがよっぽど強力な武器になるぞ。

F太　金がないなんてぼやいてた自分を反省します。ガンガンやりますよ、オレ。

――よし。**これでチャンス到来！**　頑張れよ！

起業の絶対常識 1

先輩起業家たちは、開業資金にいくら使った？

アンケートによると、独立した最初の年は事務所を構えずに自宅でスタートしたという人が多く、飲食店などの店舗を必要とする業種を除くと、「開業資金は50万円未満」という「小資本独立派」が3割以上。また、「300万円以下」という人は7割近くを占め、そのうちほとんどの人が、借り入れなどをせずに「自己資金」でまかなっている。ただし、「会社員時代に、もっと貯蓄しておくべきだった」との声も多かった。

※98年以降に開業した、全国の独立事業主（28～59歳・男女比8：2）へのアンケート調査による（05年11月、『月刊アントレ』編集部実施）

●起業の鉄則 その2

就職できないのなら、起業すべし！

4人の子を持つシングルマザーです。就職もできない私。起業なんて……（S子）

☞でもしたいんでしょ。やれば？

S子　だって、いろいろ大変ですよねえ。

――子供を4人も育てている時点で十分に大変なんだから、今さら起業のひとつやふたつ、たいしたことないって。

S子　えーっ。それとこれとは違いますよ～。

――そりゃ違うけど、したいならすればいいんだよ。子供を育てるのは大変だってわかってたでしょ。でも、産みたいから産んだんだよね。同じじゃん。

S子　私は夢とか理想とか、そういうのがあって起業したいわけじゃないんですよ。就職できるなら就職したいんです。ただ、一番下の娘がまだ1歳半ですし、その上の子は3歳ですけど、すっごく手がかかる子で。とにかく勤めに出られるような状況じゃないんです。だから消去法で考えて……。

――消去法、大いにけっこう。そういう理由で起業するのは全然悪いことじゃないよ。**好きな仕事を追いかけられるのも起業の魅力だけど、自分に合う働き方ができるのも、これまた起業の魅力**だからね。

S子　それはわかりますけど、やっぱり自宅でやれることに限られますよね？

――イヤなの？　自宅でやるんじゃ。

S子　ええ、まあ。

――どうして？

S子　すっごく狭いんです。公営住宅を申し込んではいるんですけど、当たらなくて。それで今は民間のワンルームマンションに一家5人で住んでるんです。

――公営住宅って母子家庭枠があるんじゃなかったっけ？

S子　ありますけど、数は少ないし、ライバルは多いし……。

――なるほどなあ。

S子　一部屋にずっと子供たちといると、ノイローゼとまではいかなくても……。

――確かにきついな。小さい子がいると夜もオチオチ眠っていられないしね。ところで少々立ち入ったことを聞くけど、養育費ってどうなってるの？

S子　もらってません。最初の夫とは、そもそもそういう約束をしなかったし。

――最初の夫？

S子　はい、バツ2です。それで次の夫は払うと言ったけど払ってくれません。

――じゃあ、精神的な問題だけじゃなくて、家計の面でも大変なんだろうね。しかし、言っても仕方ないけど、何で約束も守らないような男と再婚したの？

S子　「子供がいてもかまわない」って言ってくれて。それにカッコ良かったんです。先生、「韓流」ってわかります？　というより『冬ソナ』知ってます？

——もちろん両方わかるよ。ってことはヨン様似!?

S子　ヨンハのほうです。あ、そんなことはいいんです。とにかく仕事です。

店を始めてみたら？

S子　お店？　ウソでしょー。

——だって、店を持てば自宅とは別の空間ができるし、収入も得られるよね。店舗系の商売には関心がないほう？

S子　まさか。すっごく関心ありますよ。結婚する前は、そこそこ大きな雑貨店にいたくらいですから。でも下の子が……。

——預かってもらってもいいし、あるいは店の奥に仕切りをつくって、そこにベビーベッドを置いてもいいんじゃないの？

S子　……ああ。

——なんかまずい？

S子　いえ、いえいえ。それ、すごくいいです。そっか、自分の店ならそういうこともできるんですね。そっかー。

——店の種類にもよるけどね。とは言っても、どうせ高級店なんて出せるわけがないから、まあ心配はいらないな。あ、失礼だった？

S子　いいえ。もちろん高級なお店なんて無理です。けど、普通のお店を出すのだって、やっぱり相当お金がかかりますよね？

――そうとは限らないよ。30万円とか40万円とか、それくらいの範囲で開業する人もいるるし。例えば商店街の空き店舗対策で貸し出してる店なんかはすごく格安だよ。店内スペースが余ってるような古い店の一角を借りる方法もあるし。

S子　ホントですか？　でも、何十万円単位だとしても、やっぱり厳しいかな。正直な話、貯金なんてほとんどありませんから。

――役所の福祉窓口で相談してみなよ。**シングルマザーが事業を始めるための融資制度**があるから。あなたの住民票はどこにあるか知らないけど、どこの自治体でも確実にあるはずだよ。で、**たいがい無利子**。まあ、「必要資金の半額以上の自己資金があること」なんていう場合もあるけど、とにかくお得な制度だよな。

S子　無利子？　すっごいですね！

――あなたのような生き方を選んだ人には何かと厳しい世の中だけど、まあ、捨てたもんでもないってことだね。

S子　私、男を選ぶ目はないんですけど、商才はあるんですよ。先輩ママたちが子供の服をたくさんくれるんですけど、その中から「これ」っていうのは、フリマをやってる人や古着屋をやってる人に売っちゃうんです。へへ。

――いいねえ。そのセンス、その人脈。そういう**ネットワークを使ってタダ同然で仕入れ**をして、それを店で売ればいい。小さな店でいいんだからね。

S子　なんか、やれる気がしてきました。

――やれるよ。実際、小さな子供を抱えて頑張ってる起業家はたくさんいるし。

S子　考えたら就職先を探すより、起業のほうが現実的な感じですね。「起業は自分に合う働き方を選ぶこと」ですよね。私やります。やりたいですし。

――よし。**これであなたはイケるよ！**　頑張ってね！

起業の絶対常識 2

「起業動機」って何？

「動機」は、独立の不安を克服する力となり、「なぜ独立したいのか」といった自分自身への回答となる。これがしっかりしていれば、勇気やパワー、自信もわき上がってくる。

動機には「独立動機」と「起業動機」がある。前者は、「人に雇われず、自分が全責任を負って仕事をしたい」という、働き方の選択。後者は、「こんな仕事や事業をぜひやってみたい、起こしてみたい」という、働く中身の選択となる。

思い切って飛び出し、今より高い位置へ駆け上がるためには「独立動機」が必要。その高い位置から墜落せず、独立人生を謳歌《おうか》するためには「起業動機」が必要となる。

●起業の鉄則 その3

起業の神髄は「したい」→「できる」→「やっちまえ」

大学3年、文系です。社会人経験がないと、起業は難しいでしょうか？（T介）

社会人だって難しいよ。

T介　ということはやはり……。

――なんだ、ずいぶん弱気だなあ。

T介　別に弱気じゃありませんよ。ただ、いろんな人に相談してみたら、みんながみんな「まだ早い」って口をそろえて言うもんですから。

――それで私に「大丈夫」って言ってもらいたくて来たわけか。でもね、誰かにお墨付きをもらわないと前に進めないような人に、起業は勧められないな。

T介　お墨付きをくれなんて言ってません。

――じゃあ何を求めてここに来たわけ?

T介　それは……。

――ひょっとして、就職活動がイヤなんじゃないの?

T介　いえ、そういうわけでは……。いや、確かにそういう面もあるとは思いますが、それだけで起業を考えたわけじゃないんです。やる気はあるんです。

――**やる気はあるかもしれないけど、自信がない**んだろ。だから、いろんな人に相談する。相談しても自信がみなぎっていないから、相手からは否定的なコメントしか出てこない。それでまた自信をなくしてしまう。悪循環ってやつだ。でもまあ、就職活動がいやだって気持ちは、特別おかしくもないけどね。

T介　僕は就活の意味がわからないんです。

――なるほどね。じゃあ起業する意味だったらわかるのか？

T介　**自分がしたいことを、自分のやり方でやれる**ことだと思います。

――うん。で、キミのしたいことって？

T介　はい、決まってはいるんですが……。

――自信がないんだよな。じゃあ聞くが、社会人を経験すれば自信がわくかな？

T介　それはわかりません。

――そうそう。そんなことはわからないんだよ。社会人経験があるから起業できるなら、世の中、起業家だらけだよ。でも実際は違うだろ。起業っていうのは、そういうもんじゃないんだ。**「したい」っていう欲求と、「できる」っていう自信と、あとは「やっちまえ」っていう勇気**。この3つがそろうかどうかなんだ。学生だからとか、社会人だからとか、そういうことは本質的には関係ない。

T介　本当に関係ないんですか？

――関係ないって！

T介　じゃあ言います。Tシャツを売りたいんです。昔からTシャツが好きで、自分でも1000枚くらいは持ってるんです。

――1000枚!?

T介　はい。でも、買うだけじゃなくて、自分でつくったものを広めたいんです。実際、もう何種類かはつくってます。今着ているのも自分のデザインです。

――実はさっきから気になってたんだけど、胸に書いてある変な漢字みたいなのは何なの？　中国語かなんかだっけ？　ニーハオとか？　……違うみたいね。

T介　ご存じないですか？　これ、簡体字です。中国で使う略した漢字です。

――ああ、確かに見たことあるな。面白いアイデアだね。色もいいし。

T介　ありがとうございます。北京オリンピックもあるし、タイミング的にはいい感じじゃないかと思ってるんですが。

――いいじゃん。なあキミ、Tシャツが大好きで、それを自分でデザインして、それで売りたいと思ってるなら、やってみればいいよ。

T介　でも、本当に食えるんでしょうか？

――さあねえ。それはキミの頑張り次第じゃないかな。ひとつ言っておくけど、どんな仕事なら食えるか、なんて思考回路だと起業はできないよ。起業ってのは、やりたい仕事で、どうやって食うかを考えるもんだ。つまり、**やりたいことをハッキリさせて、そのうえで創意工夫を重ねること**が起業人生だ。ただし、やりたいだけじゃダメで、**やれる根拠も必要**だけどね。

T介　僕に自信がないのは、その根拠があやふやだからだと思うんです。

――Tシャツ屋でバイトしたことは？

T介　ありません。

――なるほど。多少でも実務を経験していれば、それなりの根拠が持てるもんだけどなあ。だったら、まず、そこからだな。社会人経験なんていう漠然としたものじゃなくて、起業のための修業という意味で、バイトをしたり、就職したりするならどうだ？　それだったら意味があるだろ？

T介　そう言われればそうですね。

――起業を成功させるには、どうしたって**準備が不可欠**だ。その準備の一環として、半年でも1年でもTシャツに関係する仕事に就いて、必要な能力を培っておくというのは大切なことだと思うよ。

T介　起業準備のための修業って考えればいいんですね。

――自信があるなら今すぐに起業してもいいんだけどね。とにかく「やりたい」と「やれる」の両方の気持ちがそろうことが「やっちまえ」の前提だから。

T介　何となくわかってきた気がします。

――キミには時間がたっぷりある。例えば卒業までTシャツ屋でバイトして、その中で得られる限りのハウツーを得て、卒業と同時に起業するっていう計画を立てることも、まだ十分に可能だよな。

T介　**学生だからできること**。そういう考え方ですね。

――そのとおり。会社勤めをしながら修業なんて、そうはできないからね。

T介　わかりました。さっそく修業先を探します。そして一日も早く起業できるように頑張ります。やります！　ふっきれました。ありがとうございました！

――よし。**これで悩みは解決だ！**　頑張ろうな！

起業の絶対常識 3

勤務先を辞める時の注意点は？

独立するために勤務先を退職する場合、適当な理由をつけたりせず、堂々と独立の意向を上司に告げ、業務に支障をきたさないよう配慮したうえで辞めよう。独立後は、元の勤務先が顧客や仕入れ先、業務提携先になってくれることもあり得るし、情報交換の相手として協力し合うこともできる。わざわざ敵をつくるような辞め方は避けるべき。

退職時に元の勤務先からは、「厚生年金手帳」「雇用保険被保険者証」「離職票」「給与所得の源泉徴収票」「退職所得（退職金）の源泉徴収票」など、必要なものを確認し、受け取っておくことを忘れずに。

●起業の鉄則 その4

弱みは、隠さず オープンにすべし！

持病があって、不安なんです。
会社を辞めたのも、そのせいですし（A男）

☞不安なんて、誰にでもあるさ。

A男　それはそうかもしれませんが……。

――**人ってのは、何かしら弱点を持っているもんだよ**。ましてや経験のないことをしようと思えば、そりゃ不安さ。そうじゃないかな？

A男　ちょっと意味が違いませんか。私の場合、病状が悪化すると、仕事はおろか日常生活まで困難になるんです。

――病気だけがハンデじゃないよ。前に子供４人抱えて離婚した人が相談に来たけど、この人だって、思うようには働けないわけだ。好きなだけ働ければ、そりゃ文句ないけど、現実にはいろいろあるからねえ。

A男　子供なら人に預けられますが、私は自分自身が動けなくなるんですよ。

――あのさあ、病気はつらいと思うけど、**マイナス思考になったら損**だよ。

A男　マイナス思考にもなりますって。痛みがひどい時は何もできないんですから。三叉《さんさ》神経痛なんです。ご存じですか？

――いや……。そんなに痛いの？

A男　痛いなんてもんじゃありませんよ。それで会社も辞めざるを得なくなりましたし。営業中、お客さんの前で、うずくまっちゃうこともたびたびで。

――そんなにひどいんだ。治療はしてるわけ？　っていうか、できるの？

A男　薬じゃダメですね。手術で治る可能性もあるそうですが、手術自体に危険もあるし。なので今は神経ブロックという方法で痛みをしのいでいる状態です。

——神経ブロック？

A男　首に麻酔を打つんです。これを週に1回のペースで、3カ月程度続けると痛みが治まります。私の場合ですが。

——首に麻酔!?　首に注射を打つのか？

A男　はい。慣れれば平気ですよ。

——うそっ。すっげー怖いよ、それ。

A男　怖さなんて、神経痛のつらさに比べれば全然……。それに最近は調子がいいんです。ただ、再発しないとは限りません。今、発症する可能性もあります。

——本当かよ。もしそうなったらどうすればいい？　救急車を呼べばいいか？

A男　大丈夫です。万一、そうなったらタクシーを呼んでください。この時間帯だったら掛かりつけの病院に行けますから。

——よし、わかった。うーん、しかし大変なんだな。

A男　まあ。でも、ふさぎ込んでても仕方ないし、やれることはやらないと。

——えらいなあ。

A男　**持病は人生のパートナー**だと思って、付き合っていくしかないんですよ。

――なるほどねえ……って、アレ？　なんか前向きじゃん。

A男　あ、ホントだ（笑）。たぶん、すごいとか、えらいとか言ってもらったんで、気分がいいんです。神経痛っていうと、「年寄りか、オマエは」なんて笑う人もいるんです。会社の退職のことも「神経痛程度で辞めるはずはない。病気以外の理由がきっとあるはずだ」なんて言う人までいて。本当に悔しいですよ。

――そりゃ悔しいなあ。理解してもらえないって、一番悔しいことだもんな。

A男　はい。それで投げやりになってきて。でも、生活がありますからね。

――まったくだ。結論として、キミは起業すべきだね。それが最善だと思うよ。

A男　私もそう思ってます。病気を隠して就職するのも良くないことですし。

――起業すれば、自分の都合を折り込んだ働き方ができるからね。

A男　ですよね。ただ、何日も休むと、お客さんを失う危険もあると思うんです。

――そこが違うんだよ。**休んでも影響が出ないような仕組みを考える**。そういうふうに課題を立ててアイデアを練っていくべきなんだな。

A男　そんな都合のいい話……。

――都合がいいんじゃなくて、それしか顧客に責任を果たす方法はないだろ。

Ａ男　しかし、いい方法があるでしょうか。

――頭が固いねえ。自分ひとりで仕事をするもんだって決めつけてない？

Ａ男　そりゃ営業職ですから。他人に頼ることなんてできませんよ。

――頼れるよ。同業者のネットワークをつくって、日頃から顧客情報を共有しておけば、何とかなるかもしれないんじゃないの？

Ａ男　それができれば安心ですが、健康な連中がそんな話に乗ってきますかねえ。自分の情報を他人に教えるのもイヤだろうし。営業ってそういうタイプなんです。

――だから、最初に言っただろ。人は、なかなか他人には言えないような悩みや弱点を抱えてるものなんだって。営業マンだろうが営業ウーマンだろうが、まずは人間じゃないか。頑張れることと、頑張れないことがあるんだよ。だろ？

Ａ男　ええ……。

――つまり、不安を抱えながらネタを独り占めにするか、ネタをオープンにしてみんなで支え合うか。どっちがいいかって、知り合いの同業者に聞いてみろよ。

Ａ男　なるほどー。逆転の発想ですね。

――そういう方法もあるってことだけどね。**起業っていうのは「自由に発想を広げてかまわないよ」って意味なんだ。**何かをあきらめたり、我慢したりせずに、納得いくまで、自分に合う働き方や事業モデルを考えられるってことだ。わかるよな？　起業の主役はほかでもない自分だってことさ。

A男　わかります。

——じゃあ主役の武器は何だと思う？

A男　健康に不安を抱きながら働く人の気持ちが理解できること、でしょうか？

——正解。わかってるじゃん。

A男　ありがとうございます。その武器を生かして何とかやってみます！

——よし。**これでハンデは逆転だ！**　頑張れよ！

起業の絶対常識 4

開業に必要な「許認可」って？

具体的な準備を進める前に調べておきたいのが、予定事業に関する行政の許認可など。例えば、飲食店の開業には保健所の許可、リサイクルショップの開業には都道府県公安委員会（窓口は警察署）の許可、在宅介護サービスには都道府県の認可が必要となる。

このような許認可等必要業種は1000件を超え、自治体や地域によって異なるものもあるので、大丈夫だろうとタカをくくらず、必ず確認をしておこう。中には取得まで長期間かかるものもあるので気をつけたい。また、無免許・無許可が発覚した場合は罰せられることもあり、その事業自体が違法となるケースもあり得る。十分に注意しよう。

●起業の鉄則 その5

資格や経験の有無を気にするな！

経理の実務しかできない私に起業する資格はありますか？（K子）

☞だったら資格を取れば？

K子　えっ、資格がいるんですか？

――資格うんぬんを言いだしたのは、あなたのほうじゃなかったっけ？

K子　そういう意味で言ったわけじゃありません。

――わかってますよ。ただ、そうやって**資格だの条件だのと、わざわざ自分で壁をつくるような考え方はどうかな**って私は言いたいんですよ。

K子　でも……。

――何が「でも」なの？

K子　……。

――ねえ。

K子　……。

――あれ、そうやって黙秘するわけね。ならいくらでも黙っててください。ただし、2、3日は泊まってもらうことになるよ。カツ丼は出さないからね。

K子　プッ（笑）。

――笑ってる場合か？　オレはデカプリオやニコラス刑事みたいに甘くはないぜ。あ、わかった？　今のシャレ。シャレっていうよりオヤジギャグか。

K子　くだらなーい（笑）。

――よく言われるんだよねえ、「くだらなーい」って。事実だからいいんだけどさ。ま、こんなくだらない男でも、雇われないで食っていってるわけですよ。

K子　ごめんなさい。気を使わせて。

――いえいえ。ところで資格はあるの？　資格ってのは、さっきの意味じゃなくて、国家資格とかそういうたぐい。

K子　簿記の２級は取ってますけど、本当はファイナンシャル・プランナーの資格があったほうがいいですよね？

――資格があるから起業できる、ないからできない、なんてことはないので別にそれはいいよ。資格があると、その資格でできる仕事をやろうとして、**かえって業務範囲を狭める危険がある**から、それで資格の有無を聞いただけ。

K子　そうは言っても、経理の経験だけでは売り物になりませんよね？

――経理経験を生かして経理代行で頑張ってる人はたくさんいるよ。

K子　そうなんですか？

――うん。でも、たくさんいるってことは、競争相手も多いってことだよね。

K子　そうですよねえ。

――あなたも経験を生かしたいんだよね。

K子　できれば。

――それなら、考えてみてよ。あなたの力を求めている人は誰で、その人は具体的には何を求めていて、なぜそれを求めていて、いつ、どこで、それを発揮してほしいのか。それをどのように提供してほしいのか。いくらでやってほしいのか。

K子　す、すみません。もう一度。

――メモを取っておいて。じゃもう一度言うよ。**誰？　何？　なぜ？　いつ？　どこで？　どのように？　いくら？**

K子　ふ～っ。書きました。すみませんでした。

――じゃ答えて。

K子　今ですか？　今、答えるんですか？

――無理ならいいけど、その答えが出ないうちに起業しちゃダメだよ。っていうか、その答えを何パターンも考えて、その中から**一番あなたを必要とする相手**を見つけ出すことが先決。それが見えないと誰に営業すればいいかわからないよね。

K子　営業って、そんなふうにやるんですか？

――まさか、片っ端から電話しようなんて思ってないよね？　たくさん当たるのもいいけど、でも、あなたの力を求めていそうな相手に話をしたほうが効率がいいし、それにね、そういう相手と仕事をしたほうが後々ズレが起きないんだ。後になって「それしかできないのか」なんて言われても困るでしょ。「**無謀な営業、不要なトラブルのもと**」って覚えておいてね。

K子　はい。要するに私のことを評価してくれそうな相手に営業するんですね。

――そうそう。それであなたは何が得意なの？

K子　ひととおりはできますけど、決算仕訳なんか強いほうだと思います。

――だったらそれを売りにしてもいいね。確定申告は税理士がやるとして、そこへ引き継ぐ部分を手伝うとか。大きな会社は3月決算が多いけど、小さな会社の決算月はいろいろだから、うまくいけば、毎月大きな仕事があるかもよ。

K子　そういう考え方があるんですね。

――ついでに言えば、あなたの同業者もターゲットになるんじゃないかな。

K子　同業者ですか。ライバルじゃないんですか？

――経理代行の会社や個人が、仕事をあふれさせている可能性もあるでしょ。だからさ、同業者に営業したっていいわけだよ。それも、「あなたの力を必要とする人は誰？」への答えのひとつだよね。

K子　すごい。ライバルがお客さんになるなんて。

——感心してちゃダメだよ。自分で考えなきゃ。さっきメモに書いたでしょ。とにかくその答えをいっぱい出す努力をしてみてよ。起業を成功させるために努力をする気があるかどうか、強いて資格うんぬんを言うなら、それだね。

K子　わかりました。頭をいっぱい使って考えます。

——いいですか、経験や資格があるから起業できるんじゃなくて、**経験や資格を生かす方法を考える気があるから起業できる**。そう覚えておいてね。

K子　はい。全力で考え抜きます。

——よし。**これで一歩前進！**　頑張りましょう！

起業の絶対常識 5

事業アイデアはどう出すの？

事業アイデアは、特別な発想が必要というわけではなく、相手が「あ、そうか」と思う、いわば「コロンブスの卵」のようなもの。商品やサービス、販売・提供方法、市場（ターゲット）、どれかひとつでも既存のものより画期的であればよいのだが、それをさらに細かい単位に分解し、それらのどこか一部にいいアイデアがあれば、それでも勝負はできる。

アイデア発想の基本的なスタンスは、日頃の生活上や仕事上で、こんなモノやあんなコトが「あったらいいのに」と考えること。または逆の方向から、危険、不快、手間など、「なければいいのに」をかなえてくれる商品やサービスを考えることでもいい。

●起業の鉄則 その6

オタクこそ、デッカい夢を描くべし！

キノコの研究一筋できました。
それ以外のことは無知同然です（D彦）

☜すごいのが来たなあ。

D彦　やはりそういう印象ですか？

――まあ、キノコ以外、無知ってのは、謙遜《けんそん》もあるんだろうけど……。

D彦　いえいえ。事実です。研究所にいる時もいない時も、考えているのはキノコのことだけですから。

――そんなに魅力的なの、キノコって？

D彦　もちろんですとも。3界説はご存じでしょ？

――何だそれ？　全然ご存じじゃないよ。

D彦　生物には動物と植物があるって学校で習いましたよね。これが2界説です。

――じゃあ何か？　生物は動物と植物とキノコに分類されるってことか!?

D彦　はい。正確にはキノコではなく菌類なんですが。キノコというのは菌類の子実体《しじったい》の俗称ですからね。もっとも生理学者や生態学者の中には5界説や多界説を唱える人もいますよ。私は……。

――ちょっと待った。悪いんだけどさ、難しいんだよな。言ってることが。

D彦　そうですかあ？

――そうですかって、それじゃあ、私がまるで無知みたいじゃないか。

D彦　そんなつもりじゃ……。

――つもりがなくても、結果、そういうことになっちゃうでしょ。そんな言い方したらさ。ま、いいや。しかし、何でまた起業したいなんて思ったわけ？

D彦　私、民間企業に勤務してますが、上の人たちと考えが合いません。**特許を取れば完了なんですよ。実用化を考えてない**んです。キノコはですね、本当に人類の幸福に貢献してくれる無限の力を持っているんです。なのに、我々人類はその力をほとんど活用していない。それが現実です。私は、キノコの力を借りて人の役に立ちたいんです。でも、このままではその理想が実現しない気がして……。

――なるほど。大企業は自社がやるかどうかだけじゃなくて、他社にやらせないことも重視するからね。それに、やるとしても、順番の問題もあるしね。でも、現場の人間としては、そんな駆け引きなんかより、**世の中に新しい価値を提供することで身を立てたい**と思うもんだ。その気持ちはよくわかるよ。

D彦　ありがとうございます。それで技術移転関連の仕事をしている知人に相談したら、研究内容が面白いから、連携してくれる大学があるかもって言ってもらえたんです。学内にオフィスを提供してもらえる可能性もあるそうです。ただ、そのためには起業するしかないんですよね。

――確かにそういうことになるね。

D彦　でも、起業なんて……。

――人の役に立ちたいんだろ。だったら大丈夫だよ。できるよ。だいたい社長になるわけじゃないんだから、そう難しく考えなくていいと思うよ。

D彦　社長になるんじゃないんですか？　起業ってそういうことだと……。

――もちろん社長を名乗ってもいいけど、社長業をやるために会社を辞めるの？

D彦　とんでもない。そんなことはありませんよ。

――だろ。起業っていうのは、やりたい仕事をやるためにするもんだし、やりたいことをやれるように、**働き方や組織のあり方を自分で決める**ってことなんだよ。

D彦　なるほどー。そういうイメージは持っていませんでした。

――で、具体的にどんな研究をしてるの？

D彦　あるキノコが持っているＤＮＡ配列を利用した制ガン技術なんです。

――ガンか。医療分野なんだ。

D彦　はい。

――だったら、研究成果を世に出す手伝いをしてくれる相手をしっかりつかまえて、あとはひたすら研究に励む。キミがやるべきことはそれで十分。それがキミにとっての起業ってことだ。

D彦　何だか夢みたいな話ですね。

——夢みたいなことを実現するのがキミの使命だろ。ガンをやっつけるのは全人類の夢だ。それを目指すんだから、夢のような環境で仕事に没頭すればいいんだよ。キミの研究が本物なら、**大学も公的機関も応援してくれる**って。研究開発型ベンチャーが成功するには、理想的な研究環境を獲得することが一番だからね。

D彦　良かった。そういうことなんですね。

——とにかくキノコしか知らないことは決して弱みじゃないよ。キノコの何だっけ、ＤＮＡの配列？　それに詳しい人は少ないんだよね？　その価値を徹底して売り込めばいいと思うよ。

D彦　何となく見えてきました。

——ただし、口のきき方に気をつけろよ。

D彦　えっ、あ、はい、気をつけます。

——夢中になるのはわかるけど、起業したら、お願いすることが多くなるんだから。教授とやりとりしたり、助成金の交付機関に資金を頼んだり、学会だ、何だで同業者に協力してもらったり。な、**周囲を尊重しなきゃダメ**だぞ。会社の上司と違って、キミの研究のためにキミとかかわる人たちなんだから。

D彦　そうですね。そうだそうだ。やりたいことをやらせてもらうんですから、感謝しないとバチが当たりますよね。

——当たるよ、大当たりするね。

D彦　少し核心みたいなものがつかめてきました。**起業って、自分の夢を応援してくれる人を動かすこと**なんですね。

——うん。いい理解の仕方だな。

D彦　よくわかりました。やります、私。

——よし。これで**夢は現実にグンと近づくぞ**。頑張っていこう！

起業の絶対常識 6

事業アイデアを強いものにするには？

「風が吹けば桶屋《おけや》が儲かる」といわれる「桶屋式」が有効。まず、ひとつの事象から、次に起こり得る事象を想像し、そのつど生じてくる問題を解決する事業を考える。次に、たくさん浮かんだアイデアの中から、事業にしたいものを選び、絞り、磨き上げていく。

例えば「パソコンが個人単位にまで普及した」ことに対し、「パソコンを製造しよう」ではなく、「修理・指導・相談のニーズ」「対人能力の高いエンジニア養成のニーズ」といった、その先々に考えを進めていくことで、より新しく、かつ競争力のあるアイデアを見つけ出せる。ただし、それが自分の得意なことからかけ離れないよう注意しよう。

Oh!

●起業の鉄則 その7

起業ネタの宝庫は、どん底の環境にあり！

嫁ぎ先の父と実母を介護しています。今は無理でもいずれは起業をと……（W代）

☞うーん……。

W代　私の言っていること、何か変ですか？

――いや、変じゃありません。

W代　でも、何もおっしゃらないし。何か引っかかりますか？

――いえ。さあ、続けてください。

W代　もしかして先生、私が本気で起業するつもりはないって考えていません？

――そういうわけじゃないんだけど……。

W代　では、どういうわけなんですか？

――えーとですね……。

W代　はは。先生、私のこと気づかってるでしょ？　大丈夫ですよ。ここが駆け込み寺じゃないことくらい、ちゃんとわかってますって。

――驚いたな。私の心の中が見えてる。

W代　もう10年近く介護をしてるんです。両方の家を行ったり来たりして介護をしてるって言ったら、私のことを人がどう思うか、そのくらいわかりますよ。

――お見それしました。それならブッチャケましょう。確かに迷ってました。あなたに、ただ希望を抱かせて帰らせるか、それとも、普段どおりやるかと。

W代　普段どおりでお願いします。私もブッチャケて言いますが、いつかは介護をしなくなる日が来ます。必ず。その時になって、**何もしない、できない、そんな自分じゃイヤ**なんです。だから、今から人生の目標を定めておきたいんですよ。先生、私でも起業できるでしょうか？

——できません。

W代　えっ？　そうなんですか……。

——**できるか、できないか、なんて人に聞くような人には起業はできません**ね。起業は、したいかどうかです。是が非でもしたい人にしかできないんですよ。

W代　先生、その調子でお願いしますね。

——ちょっと。あなたのことを否定してるんだから、もっと落胆してよ（笑）。

W代　鍛えられてますから。心身ともに。

——さすがだなあ。じゃ聞きますが、起業して何をするつもり？

W代　やっぱり介護経験を生かす道がいいような気がしているんです。

——でしょうね。ところでそれぞれの親御さんは、どんな状態ですか？

W代　夫の父は認知症が進んでいて目が離せません。実家は嫁ぎ先からクルマで20分ですが、そっちには母がいます。頭はしっかりしてるんですが、関節の変形がひどくて、うまく動けないんです。母はヘルパーさんをいやがるので、私と姉と交代で見てます。ウチのほうは週2回、ヘルパーさんに来てもらってます。

――それじゃ、あなた、休みなしだ。

W代　そうそう。だから、起業して定休日があるんなら、ラクチンでーす（笑）。

――すごっ。で、やっぱりヘルパーとか介護福祉士とかを考えてるんですか？

W代　はい。ショートステイやデイサービスも少しは頭にありますが。

――人手不足だから、それはそれで貴重でしょうね。でも、**起業っていうのは、もっと豊かなもの**なんですよ。

W代　豊かなもの、ですか？

――そう。あなたの介護の経験を生かすとして、その生かし方は、もっと何とおりもあるはずなんです。その中からどれを選ぶのか、そういう贅沢《ぜいたく》な話なんですよ（笑）。例えばですけど、お父さん、どんなタオルを使ってます？

W代　ええと、両端にリングが付いているのを使ってます。握力が弱くても、自分で何とかできるみたいですから。

――それを考えたのは、介護経験のある女性なんですよ。ほかにも便利な道具や器具がいろいろあるでしょ。そういうものってけっこう、**介護経験者のアイデアを製品化したものが多い**んですよ。

W代　へー。考えてもみませんでした。

――ところで実際はつらいでしょ？

W代　もう慣れてますよー。

――本当につらいと思ったこと、ない？

W代　ないと言えばウソですけど……。

――でしょ。今もそうだけど、将来はもっと、あなたのような人が増えるよね。社会的なケアも増えると思うけど、介護に携わる家族も増えますよね。

W代　そうですね。きっと。

――その人たちを助けてあげるって仕事も大事なんじゃないですか？　私にはわからないけど、あなたなら、介護をする人の気持ちがよくわかるでしょ？

W代　は～。そんな考えもあるんですねえ。

――**経験を生かすって言っても、いろいろな方法がある**ってことです。

W代　何も考えていませんでした。

――まあ、今は意識していなくても、実際、あなたには、将来いろいろなことができる力が蓄えられているわけです。

W代　何だか幸せな気分になれますね。今日からの毎日が、将来に向けての勉強みたいな気がしてきました（笑）。

――良かったですね。でも、力を蓄えても、それに気づかなかったら元も子もないですよ。介護経験を生かして起業した女性の本も出てると思うので、とにかく勉強してください。実践しながらの勉強だから、力がつくと思いますよ。

W代　ありがとうございます。道はひとつしかないと思い込んでましたけど、確かに豊かなんですね、起業って。その日が来るまで道をいっぱい考えておきます。それで絶対に起業して、人の役に立ちますからね。

――よし。**これで気分はスッキリ**。頑張ってください！

起業の絶対常識 7

事業プラン立案に必要な要素6W2Hって？

事業アイデアを練り上げたら、それをどのようにかたちにし、準備し、動かしていくかを、「6W2H」の問いに従って綿密に計画し、事業プランに落とし込んでみよう。

「6W2H」とは、「なぜこの事業をやるのか（Why）」「商品・サービスの具体的な内容は（What）」「想定する市場・顧客は（Where　Whom）」「どんな特徴で、どんなノウハウを使うのか（How to）」「どんなタイミングで行うのか（When）」「誰がやるのか（Who）」「資金は、売上高や利益の目標は（How much）」といった、8つの要素である。これらの問いへの回答を練り上げることが、事業プラン作成の基本となる。

●起業の鉄則 その8

学歴より修業！ヤンキー、起業に走れ！

学歴もないし、勉強もダメっす。
ヤンチャもかなりしてきました（Y吉）

☞って、それ、自慢？

Y吉　まさかあ。それはないっすよ。

――自慢してもいいんじゃない？

Y吉　勘弁してください。マジで反省して一生懸命やろうと思ってるんすから。

――現役のワルなら自慢にはならないけど、反省したってことは、**「もうそれを繰り返さない」っていう経験に裏打ちされた強み**があるわけだ。それにさ、反省するって、ただ悪かったと思うだけじゃないからね。物事には否定的な側面と肯定的な側面が必ずあるんだ。何が悪くて、何が悪くなかったのか、細かく整理して総括しておかないと本当の意味での反省にはならないよ。ヤンチャしたからこそ学んだことも何かあるだろ。な？　どうなんだ、そのへんは？

Y吉　え、ああ、えええっと、急にそんなに言われても……。

――あ、そりゃそうだ。じゃ、ゆっくりやろう。とにかく、学校も行かなかったし、仕事にも就かなかったんだよな。

Y吉　はい。高校1年の1学期でやめて、その後は、お決まりのコースです。

――パクられたこともあるの？　警察に。

Y吉　ええ……。

――ふーん、そうか。ま、いいや、そのへんは。

Y吉　すいません。

――とにかくキミが持ってる経験や教訓って、不良行為に関係することしかないんだよな。だったら、「勉強しなかったから起業は難しい」と思うより、「**勉強はしなかったが、ワル経験の中に起業に生かせる何かがある**」と思うべきだな。

Y吉　生かせるんすかあ？

――生かすんだ。じゃあ、質問するよ。キミの特技は何？

Y吉　死んだふりとか、愛してるふりとか、人の話を聞いてるふりとか……。

――あのさあ、本気で相談しに来てる？　やる気がないならとっとと出てって、地獄かコエダメにでも落ちるがいい！

Y吉　イマイチっすね、そのトーク（笑）。あっ、すいません。でも、ふざけてるんじゃないんです。自分は昔から人を笑わせるのが得意でして。マジギレして、かなりヤバイ後輩とかも、笑いで落ち着かせたことが何度もありますから。

――そりゃすごいな。

Y吉　どうもっす。確かにやってきたことは最低なんすけど、仲間うちでは面白いってんで、人気バリバリっす。そんで思ったんすよ。自分みたいに笑いを重視する先生がもっといたらいいのにって。『ヤンキー母校に帰る』のお笑いバージョンっすね。でも大きな問題がありました。自分、中卒なんすよ。なははは。まあ、だったら船乗りになればいいって、すぐに気づいたんすけどね。

――はあ？　船乗り？？？

Y吉　「ヤンキー母港に帰る」。ジョークです（笑）。とにかく教師は無理です。で、やっぱ自分みたいなハンパな人間じゃ、やりたい仕事もできないのかって、柄にもなく落ち込んじゃって。

――やっと、キミが何をしたいかわかったよ。何ができるのかも見えてきた。

Y吉　マジっすか？

――マジっす。あのさ、言っとくけど、キレかかってるヤツを落ち着かせるなんて、普通、できないぜ。少なくともオレにはできないな。キミは人の心にスッと飛び込む天性の力があるんだよ。実際、すでにオレは何とかしてキミを起業させてやりたいって思っちゃってるしね。

Y吉　スーパーありがとうございます！

――感激してる、ふり、だな（笑）。

Y吉　滅相もない。

――ま、とにかくキミは**ヤンキー時代に確立した財産**をちゃんと認識してるじゃないか。やれよ、悩める青少年に、愛と笑いと根性をお届けするお仕事を。

Y吉　それっす。それがやりたいんです！

――やれるよ、キミなら。ただし、すぐには無理だな。気持ちだけじゃ、飯は食えないからね。だから**まずは、真面目に働いて金を得る経験を積むことだ**。

Y吉　今すぐ起業チャレンジャーになっちゃダメなんすか？

――ダメだね。理想のために、払ったりもらったりするお金のことを勉強してからだ。例えば、非行の克服とか、青少年の人間力を高めるとかをテーマに活動している団体の仲間に入れてもらうことからスタートだね。

Y吉　でも……。

――でもじゃないって。**勤めるってこと自体、起業準備の一環**なんだぜ。本当にやりたい仕事だったら、それをやるための努力は惜しくないはずだよ。

Y吉　自分がそういう団体に合うと思いますか？　どうなのかなあ……。

――キミが合わせるんじゃなくて、みんなをキミのペースに引きずり込めよ。

Y吉　わーお、グッアイディ～ア。そうっすね。なら、いけるわ。

――いいか。今、素手で飛び出していったらボロ負けするぞ。「やっぱり不良あがりはモノを知らないな」って言われておしまい。いいのかよ、そんなことで。

Y吉　そんなこと言うやつはボコっちゃいますよ。って、ウソでーす(笑)。

——そう言われないようにするっきゃないだろ。だから腹、決めろよ。

Y吉　はい。そうっすね。わかりました。よく、わかりました。先生、自分、もういっぺんおじゃましていいっすか？　1年後か、2年後になりますけど。

——もちろんだよ。「ヤンキーひとまわり大きくなって帰る」だな。どう？

Y吉　まあまあっす(笑)。とにかく修業っすね。やるべきことはわかりました。バッチリっす。自分、頑張ります！

——よし。**上等だぜ！**　ヤンキー起業家参上だな。頑張れよ。

起業の絶対常識 8

マーケティングの4Pって？

「売る」努力をするのが営業なら、「売れる」仕組みをつくるのがマーケティング。小規模ビジネスでは、マーケティングを味方につけよう。ここで重要なキーワードとなるのが「4P」。市場（Place）、製品（Product）、価格（Price）、販売促進（Promotion）。

この4つがそれぞれ関連・相乗することで、「売れる仕組み」ができ上がっていく。大規模な調査をしなくても、メーリングリストやブログを使って仮想のコミュニティをつくることで、必要な情報を入手できる（＝コミュニティ・マーケティング）。この手法なら、ひとりでも市場の声にもとづいた事業計画を立てることが可能だ。

起業の鉄則 その9

「脱・組織人」同士の絆が起業を救う！

来月で60歳。起業したいのですが、少し遅いような気がしています（G也）

遅い早いの問題ですか？

G也　と、おっしゃいますと？

――起業するかしないかっていうのは、今後、どんなふうな人生を過ごしていきたいのか、その選択の問題じゃないですかね。

G也　はい。

――だったら、**遅いだの早いだのは、関係ない**んじゃないですか？

G也　それは、そうかもしれませんが……。

――念のための質問ですが、再就職は選択肢に入ってないんですか？

G也　再就職はしません。実際、お取引をいただいていた会社から、「うちに来てくれないか」というお話を頂戴《ちょうだい》し、心が動いたこともあったのですが、幸い、すぐに生活に困るようなことはないですし、できることなら、何か新しいことに取り組んでみたいと思いまして。

――ちゃんと選択してるじゃないですか。

G也　はあ、まあ、それなりに。ただ、宮仕えはしないにしても、趣味中心に生きていくのか、ボランティアなどに精を出すのか、それとも起業して一旗揚げるのか、そのへんが決めきれませんで。

――起業して一旗？

G也　いやいやいや、大した旗が揚がるとは思っておりませんが、それでも蓄積してきたものはありますから、まだまだやれるかな、という気持ちと、失敗した場合を考えて腰が引けるのと、その狭間でして……。

――それなら、課題は起業時期が遅いかどうかじゃなく、起業のリスクをどう回避するかってことですね。でしょ？

G也　そうか、そうですね。そうなりますね。

――**立派な旗を揚げようなんて思うから、リスクが生じてくる**んですよ。

G也　と申しますと？

――輸入商社にお勤めですよね。ということは、独立して国内販売の代理店になるとか、アイテムを絞って何かの輸入を手がけるとか、ですか？

G也　はい。おおむね後者になりますでしょうか。

――で、オフィスを借りて、従業員を雇って、あなたは時々、取引先のある国へ出張に行くと。そんなイメージですよね。

G也　ええ、だいたいそんな感じかと思います。

――それがダメなんです。もちろん、今、私が言ったスタイル自体に問題があるわけじゃありませんよ。問題は、**今後のあなたの生き方との関係**です。ズバリ言わせてもらえば、あなたはもっともっと、小さな起業を考えるべきですよ。

G也　小さいというのは、つまり、私ひとりでやれと？

――当たりです！　それなら**オフィスだって借りる必要ありません**よね。

G也　確かに私だけなら、いろいろと投資はせずにすみます。しかしですよ、それでまともなビジネスになるもんでしょうか？

――だから、そこが間違ってるんです。あなたが思う「まともなビジネス」は、あなたの過去の体験に規定されたものでしょ。そうじゃなくて、今後、あなたは会社員時代に味わったり、得たりできなかった豊かさを堪能《たんのう》したいんですよね。だったら、**新しい自分にとっての「まともさ」**を見つけ出さなきゃダメですよ。

G也　新しい自分……。

――そうです。勤務先という古い器から出ていくんですから、あなた自身も古さから抜け出さないといけません。ここの意識転換がものすごく重要です。

G也　なるほど。感覚としては理解できます。

――あなたは長いこと大組織の一員だったわけですから、まずは、何でも自分でやってみることですね。上司も部下も秘書もなし。そういう環境で仕事をすることに挑戦してください。最初は戸惑うかもしれませんが、それが新しい自分を見つける一番の近道ですし、結果的にリスクも抑えられますからね。

G也　ははあ。なるほど。私は従来のようなビジネスの進め方をイメージしてたもんだから、それで、そういうふうにパワフルにやるなら、もっと早くに基礎をつくっておくべきだったと考えていたんです。が、間違ってるようですね。今の年齢や立場に合ったやり方を探っていけばいい。そういうことでしょうか？

――まったくそのとおりです。ただ、本当にひとりきりでは、どうしたって行き詰まってしまいますし、それに、自分を生かすチャンスも広がらないですよね。なので**ネットワークをぜひとも活用してください**。シニアの持つ能力を生かしたり、反対に不足するものを補ったり、あるいはいろいろな悩みを相談し合ったり、そんなことができる組織や団体はけっこうありますから。

G也　本当ですか？

――あなたと同じ迷いを抱えている人は少なくないですからね。自分ひとりで責任を取れる範囲での起業を目指すなら、そういうネットワークは役立ちますよ。組織に頼らず頑張る生き方を、みんなで支援し合う場ですからね。インターネットで「シニア」「起業」「ＮＰＯ」とキーワードを入れて検索すれば、すぐに見つかりますよ。あっ、パソコン、というか、メールはできるんでしたっけ？

G也　ネットやメールくらい使えますよ。得意とは言えませんが（笑）。

――なら良かった。自分ひとりで仕事をこなすためにも、いろいろなネットワークとつながっていくためにも、**パソコンは絶対に必要**ですからね。

G也　ホントですよねえ。今もつくづくそう思っています。

――いずれにせよ、あわてることはないですよ。じっくりと、自分のできることや、やりたいことを整理していってください。考える時間は十分あるんだし。

G也　いやー目からウロコでした。新しい自分に合う起業ですね。やってみます。

――よし。**これで不安は一挙解消！**　頑張りましょう！

起業の絶対常識 9

事業計画書はなぜ必要？　書き込む項目は？

事業計画書は独立してからのシナリオ。資金やパートナーの獲得のためにも必要となる。繰り返し書いて見直すことで、問題点や表現の巧拙を客観的にチェックしたい。大切なのは、相手が何を一番知りたいのかを理解し、共感が得られるものにするということ。

主要項目は、事業プラン名、事業内容、市場環境、競合優位性、市場アクセス、経営プラン、リスクと解決策、資金計画の8つ。専門分野や経営、会計などの知識にもとづき、各項目に則した表現方法が求められるが、基礎的な知識と、その知識がなぜ必要かが理解できていれば、細部については専門家の協力を仰ぐことでクリアできるだろう。

苦労や失敗こそが、起業の武器になる！

●起業の鉄則 その10

一度独立して失敗したんです。再起は図れるものでしょうか？（U司）

生きてるんだから、できるよ。

U司　そ、そうなんですか？

――そうだろ？　**生きてるってことは、チャレンジできるってこと**だろ？

U司　それはまあ……。

――じゃあ聞くけど、キミはなぜ生きてるの？　何のために生きてるの？

U司　いきなりそんなことを聞かれても……。

――だったら反対の質問だけど、失敗した時、死にたくならなかったか？

U司　少し、なりました。

――でも、実際には今ちゃんと生きてるよね。何でだ？　理由があるはずだろ。

U司　うーん……。

――ダラダラするのはもうやめなよ。再起ができるもできないも、キミの気持ちの問題だろ。生きるほうを選んだんだから、**思いっきり生きてみろよ！**

U司　でも……。

――でもじゃない。何事もそうだけど、人のせいにしちゃダメだぜ。「再起したいけど、一度失敗した人間に周囲や世間は冷たいから」とか、そんなこと思って毎日を過ごしててもつまらないだろ。そんな状態を生ける屍《しかばね》って言うんだ。

U司　何もそこまで言わなくても……。

――これでも遠慮してるほうだって。ホントなら一発張り倒すとこなんだが、キミのほうが腕力が強そうなんで、逆襲されるとヤバいから我慢してんだ(笑)。

U司　ははは。そんな強くないですよ、僕。

――マジ？　だったら、殴っちゃうよ。

U司　遠慮します(笑)。ああ、でも、ぶん殴られても仕方ないですよね。っていうか、いっそバシッとやられたほうがいいの……。

――うりゃ！（バシッ）

U司　い、痛っ。ホントに殴るんですか!?

――生きてるから痛いんだよ。さあ、殴り返せ。「オレは生きてる」って気持ちを込めて、思いっきり一発こい！

U司　……。

――どうした？　殴り返せよ。

U司　いや……。

――殴り返さないんだったら、せめて何か言え！

U司　はい。ぼ、僕は……、僕は……。

――泣くなよ。まあ、涙が出るのも生きてる証拠だから、いいか。じゃあ私の話を少し聞いてなよ。私もね、昔、経営判断を間違えて、えらい借金抱えてね。おまけに悪いことは重なるもんで、客には袖《そで》の下ばっかり要求されるし、社員には横領されるしでね。毎晩思ったよ。このまま寝て、二度と明日がこなけりゃいいのにって。で、とうとう「自殺すりゃいいんだ。そうしたら全部終わるんだ」って思った。思ったというより、急にそういう考えがわいてきたって感じだな。それが頭に浮かんだのが道を歩いてる時だったんだ。で、思い詰めてるもんだから、横断歩道の赤信号に気づかずに渡っちゃったわけ。そしたらすっごいブレーキ音が聞こえてさ、クルマがオレのすぐ近くまで迫ってたんだよ。あわてて横跳びでかわして、ギリギリセーフ。なあ、この話、おかしくないか？　笑えるだろ？

U司　い、いえ。おかしいだなんて……。

——おかしいさ。だって、オレは死のうと思ってたんだぜ。だったらそのままクルマに跳ねられちまえばいいじゃん。だろ？　自分を笑ったよ。笑いながら目が覚めたよ。オレは生きていたいんだって。だったら、メソメソしないで、どうやって再起するか、それを全力で考えて、どんな小さなことでもいいから、**再起のためになると思うことは、何でも実践する**って決めたんだ。

U司　できたんですか？

——できたよ。時間はかかったけど。まあ、再起できたから、今、キミとこうやって話をしてるんだけどね(笑)。

U司　あっ、そうですね(笑)。

——キミがどんな失敗をして、今、どんな暮らしをしてるのか、詳しくは知らないけど、いいか、これだけは覚えておけよ。一番大きな失敗は死んじゃうこと。これをやっちまったら、絶対に取り返しはつかない。だけどな、死にたくなるほどつらい思いをして、それでも前を見て生きるなら、そん時の苦労は、みーんな財産になるんだ。**強い心とハウツーのもとになる**んだよ。

U司　本当ですか?

——本当だ。自分を信じてやれよ。自分はダメな時があっても、必ず立ち直れる人間だし、その経験を糧にしてどんどん成長する人間なんだって、信じてやれ。だいたい自分を信じていない人間を、周囲が信じてくれるか? **再起の一歩は、自分を信じること**。どうだ、自分を信じるか、信じないか?

U司　信じてみます。

——みます?

U司　いや、すみません。信じます。

――よーし。だったらオレもキミを信じる。全力で再起を応援するよ。

U司　ありがとうございます！

――具体的な計画は、またあらためてじっくり練ろうな。

U司　はい。本当にありがとうございます。どうお礼をしたらいいのか……。

――何もいらないよ。起業家ってのは、みんな苦労するんだ。だから、いつかキミが、**今の苦労をどう越えたかを後輩に伝えてやってよ**。それで十分だから。

U司　わかりました。そうできるよう頑張ります。頑張って立ち直ります。

――うん、その意気だ。よーし。**これで再出発進行！**　頑張りまくれ！

起業の絶対常識 10

事業計画書作成のポイントは？

事業計画書の効果を高めるポイントは、次の5つ。

①事業内容をわかりやすく、魅力的に伝える（提供するサービスは何か、誰を狙ったものか。端的、明快で、客観的な情報に裏打ちされている内容で）。②競合優位性を伝える（誰が競合か、それらに勝るポイントは何か具体的に）。③ターゲット像を伝える（商品やサービスを買ってくれる人を具体的にモデル化）。④市場アクセスを伝える（商品やサービスをターゲットにどう知らせ、提供するか。どう対価を回収するかなど、実現性のある内容で）。⑤リスク回避策を伝える（リスクを抽出し、事前・事後の対処法を明確に）。

第二章

ピンチは起業の直後にやってくる！

「想定外」にあわてふためくな！
トラブル解決のアイデアを伝授。

●起業の落とし穴 その1

「調査会社」を名乗る人物には気をつけろ！

「おたくの会社に対して調査依頼が入ったので訪問する」って電話が……（N香）

☞それ、本気にしたの？

N香　えっ？　どういうことですか……。

――素直な人だなあ。まあ、そこがカワユイところなんだけどねー。

N香　いやだ～先生たら。もう。

――なはははは。

N香　で、先生、やっぱり何かまずいんですよね？　その電話の人、オフィスに来るって言ってるんですけど。もしかして、狙いはアタシ自身？

――そんなことは私が許しませんよ。それで念のためだけど、あらためてN香ちゃんの会社の概要を教えてくれないかな。

N香　概要ですか？　ええと、代表はアタシで、設立したのは2カ月くらい前です。資本金は300万円。事業内容はソフトの開発ですけど……。

――ふむふむ。そうだよね。そんなところだよね。狙い目だわ。

N香　何がですか？

――悪質な調査会社が、いかにも狙いそうな会社概要だってことだね。

N香　悪質な調査会社？

――うん。その電話の相手は、だいたいこんなこと言ったんでしょ。「おたくの会社と取引をしたいという企業がありまして、そこから調査の依頼が入りました。

ついては、いついつお伺いしますので、うんぬん」って。どう？

N香　わー、すっご～い。完璧ですー。そのとおりです。

――おそらく、N香ちゃんの会社と取引したくて調査を依頼した企業なんて、実在しないと思うんだ。**設立間もない会社を狙う、よくある詐欺の手口**なんだよ。

N香　詐欺!?　ウッソー。でも、それだったら、アタシが「どこの会社が依頼をしたんですか？」って質問すれば、ウソがバレると思うんですけど。

――それがダメなんだよねえ。

N香　どうしてですか？

――じゃあ前提から話そう。実際には本当の調査もあるんだよ。新規取引を始める時、相手の経営者がどういう人物かとか、その会社の経営状況はどうかとか、そのへんがわからないと不安だろ。だから調査会社に依頼していろいろ調べてもらい、その報告を見て、本当に取引するかどうかを判断する企業もあるんだ。

N香　ええ。

――だけど、調査会社は、絶対に依頼主の名前を明かさない。これは業界の常識なんだよね。だから、本当の調査だろうと、デッチ上げだろうと依頼主の名前はヤミの中。その**「常識」を悪用**しているわけだね。

N香　でも、依頼もないのに、わざわざ来て、彼らに何の得があるんですか？

——グッド・クエスチョン！

N香　いやだ〜。また、そうやってほめてくれて。お上手ですね、センセ。

——変な反応しないでよ（笑）。結論から言うと、とにかくN香ちゃんからお金をふんだくるために来るんだよ。向こうも**「だましのプロ」だから、相手を見てセリフを変えてくる**からね。甘いタイプの経営者だと思ったら「実際より良い内容の報告書を書くから、ウチの会社の会員になってくれ」と。で、入会金だの年会費だのを請求するってわけだ。

N香　ふ〜ん。そう言われたら、お客さん欲しさに「よろしくお願いしまーす」って言っちゃいそうですね。堅い経営者にはどう言うんですか？

——「貴社は間違いなく伸びますね。だからきっと、今後も次々調査が入るでしょう。しかしそのたびに、調査員と応対してたら大変ですよ。そこで代理応答を提案します。つまり、私どもがN香社長になりかわって、同業者の相手をさせていただきます。で、ついては年会費を……」とくるわけだ。

N香　うわっ、巧妙。でも年会費って、どれくらいするんですか？

——おおよそ10万〜20万円ってあたりかなあ。

N香　わ～微妙ですねえ。無理すれば払えそう……。

――そりゃそうさ。向こうは登記所で新しい会社をリストアップして、その中から企業相手に仕事をする会社を選んで攻勢をかけるわけだ。つまり、新人経営者で**事情がよくわからない、でも、「新しい取引先」って言葉にグラッとくる**、そういう人を狙うんだからね。でもまあ、N香ちゃんに会ったら、そいつがグラッとくるな。なははは。あ、また、余計なこと言っちゃった（笑）。

N香　本当のことだからいいんですよー。でも実際、どうすればいいんですか？ その人が来る日も決まってるし。まいったなあ。困っちゃったなあ。

――今から電話して断ればいいじゃない。

N香　そうですね……。あっ、しまった～！

――電話番号を聞いてないの？

N香　ええ。うっかり。もう、全部向こうのペースで話が進んで……。

――じゃあ、しょうがないな。今度、そういう電話が来たら、必ず社名と担当者名と電話番号を聞いて、ネットで検索して**信憑性《しんぴょうせい》を確かめること**。検出しないような社名なら、まず詐欺だね。とにかく今回は、調査員が来たら「申し訳ないですが、アタシのことを調べようなんて会社の仕事はいりません。どうぞお引き取りください」って言うことだね。それでもグズグズ言うなら、「アタシは『**バケ調**』**には協力しません！**」って言ってやれよ。

N香　バケ調？　なんか気持ち悪い感じですね。それ日本語ですか？

——業界用語で、会費をふんだくるためのニセ調査のことだよ。とにかく、会費を払う必要はなし。万一、まともな調査会社だったら、「金銭の要求はしないから、調査をさせてくれ」って言うと思う。そうしたら応じてもいいよ。

N香　わかりました。悪い男はやっつけなくっちゃ。アタシ、頑張りまーす。

——よっしゃー。悩殺……じゃなくて撃退だ！　気合入れてけよー。

起業の絶対常識 11

開業資金と運転資金はどう決める？

「開業資金」は独立前に準備する資金で、「運転資金」は独立後に必要な資金。事業プランの立案とともに算出し、収支計画や資金調達計画の基礎となる数字を固めておきたい。

開業資金は、①事務所や店舗の取得費用、②改装や設備費用、③備品購入費用、④開業告知のための広告・宣伝費用、⑤商品などの仕入れ費用となる。運転資金は、①人件費、②事務所や店舗の維持費、③商品などの仕入れ費用、④各種の用品費、⑤交通費や通信費などの活動費用、⑥借入金の返済など。ともに、複数個所で価格調査を行い、見積りも複数の業者に依頼して、現実的な数字を算出しておこう。

●起業の落とし穴 その2

ラクするための共同経営は、すぐさま解消せよ！

一緒に会社をつくったパートナーが辞めると言いだして収拾がつきません（E友）

☞うろたえるんじゃない！

E友　で、でも……。

――パートナーが辞めるんだったら、キミがひとりで経営すればいいんだよ。

E友　そんな簡単にはいきませんよ～。

――なんで？

E友　なんでって、せっかく一緒に始めたんですし、できれば今後も……。

――「せっかく」なんて、未練たらしいこと言うなって。そもそも、キミの会社は**なぜ共同経営なのかなあ**。まずその理由を聞きたいねえ。

E友　僕と彼とは独立前の勤務先の同期で、ふたりとも営業だったんです。気が合うっていうか、会社への不満が同じで、それで何となく「独立して一緒に会社をやろう」って話になったんですね。

――たったそれだけ？　それだけの理由なの？

E友　いえ、もうちょっと実利的な視点もあります。ふたりなら、見込み客は倍で、経費は半分で済みますから。そのへんはこう見えて冷静ですんで、僕。

――ダメだこりゃ。

E友　ダメって、どこがダメですか？

――徹頭徹尾ダメだよ。

E友　鉄塔設備？？

――アホ。全部ダメだっていう意味だよ。あのね、会社を設立して事業をやるってことは、**いろんな課題や困難を突破し続けていく**ってことなんだ。だからそれなりの実力も準備も必要だし、何より、ちょっとやそっとのピンチに音をあげない、強い覚悟が必要なんだよ。信念って言ってもいいかな。

E友　それくらいは、わかってますよ。

――なら聞くが、パートナーが何か大きなミスをして、その結果、会社の財産を全部使って、それでもまだ足りなくて、キミまで借金して埋め合わせすることになっても、キミは平気か？

E友　えっ!?　それはイヤですよ。絶対。

――でも、それが起こり得るのが事業だぜ。

E友　だけど、それは僕の責任じゃありませんよね。ヤツのミスなわけだから。

――ふふふ、語るに落ちたな。

E友　はあ？

――キミはパートナーのことを必要とはしてないね。精神的な話じゃないぞ。もし、キミの会社の事業が、キミの力と彼の力が組み合わさることで、顧客に喜ばれ、あるいは競合に打ち勝つものになっているなら、何としてもパートナーを救って、引き続き頑張ってもらおうと思うはずだよ。だろ？

E友　……まあ。

——事業の経営ってのは命懸けなんだ。それを共同でやるんだから、これはもう一心同体のつもりじゃないとダメだ。だから、互いに**「相手がいなければ事業は成就しない」と思い合える者同士**じゃないとできないんだよ、共同経営は。

E友　全然違う理解でした。ふたりなら、何かとラクだろうって思っただけなんです。というか、「一緒にやろう」って言い合うことで、会社を辞めるハズミが欲しかっただけかもしれません。

——だとすると、今、何をもめているのかは知らないけど、仮に今のもめごとが収まっても、また、すぐに問題が起こると思うね。それなら早く清算して、それぞれで頑張ったほうがいいだろうな。

E友　内心では僕もそう感じていました。ただ、ふたりで500万円ずつ出資して株式会社をつくったんで、彼が辞めたら、当然、その分を戻せって言うでしょうし、そうしたら資金繰りも苦しいし。それが……。

——な〜んだ。そんなことを心配してるのか。そんなの問題じゃないよ。

E友　そうなんですか？

――キミが会社に残って、相手が出ていくなら、交渉して、**相手の株を分割払いで買い取ればいい**。キミ個人が買ってもいいし、会社自体で買ってもいいよ。いずれにしても一度に500万円を払うなんて考えちゃいかんよ。

E友　でも、それじゃ彼が文句を言うかも。

――その弱気がダメなんだよ。キミは今の会社で事業を続けたいんだろ？　だったらしっかりしろよ。相手が文句を言うなら、キミも腹をくくって、「じゃ、解散しよう」って言っちゃえよ。会社を閉めることになれば、社員への給料や家賃や買掛金を精算して、リースの残金や借金も返し、それでもまだ、余るお金があったら、その分だけが**出資者に戻る**ことになる。でも、現実的にはどうかなあ。よっぽど儲かっていれば別だけど、まず、500万円満額がそれぞれに戻ることはないだろうな。というか、キミたちに戻るお金は1円もないかもよ。

E友　つまり僕の出資分もパーって意味ですよね？

――だから腹をくくれって言っただろ。でもまあ、出ていくほうにすれば、金が戻らないよりは、少しずつでも500万円が手に入るほうを選ぶはずだけどね。

E友　あっ、それはそうですね。

――だから相手が辞めるのは問題じゃないんだ。もともと無意味な共同経営なんだし、500万円分の株をゆっくり買い取るなら、それは500万円の融資を受けて、**無利子で徐々に返済するようなもの**だから、資金繰りの面でもいいよな。

E友　おおっホント、そうですね！

――ただし、相手への配慮を忘れないこと。もともとは互いの甘さのせいなのに、キミだけ続けさせてもらうんだから、そのへんの「ありがたみ」を忘れるなよ。

E友　わかりました。彼には誠実に対応します。で、今後も頑張って続けます。

――よっしゃー。これからが本当のスタートだ！　気合入れてけよー。

起業の絶対常識 12

資金はどう集めればいい？

開業資金の調達に当たっては、まず、手持ちの資金を見直し、投じることのできる金額を増やすこと。それでもなお不足する場合は、借り入れなどで調達を図る。その場合、公的資金が断然有利。例えば、国民生活金融公庫（P96参照）、地方自治体の融資制度などがある。また、門戸は広くないが、中小企業金融公庫や農林漁業金融公庫も活用できる。

調達方法として、出資機関から「出資を受ける」、公的機関からの補助金や助成金、起業プランコンテストなどの賞金を「もらう」という方法も。さらに、毎月一定金額を「貯める」、手持ちの物を「売る」ことも一考を。資金をかけずに節約することも忘れずに。

●起業の落とし穴 その3

好スタートは、「コソ泥」常習犯になる危険性大！

ついついレジの現金を使ってしまい、気づくと仕入れ決済代金が足りません（○秀）

☞ついつい!? よく言うよ。

O秀　いや、ホンマ、ついついなんですわ。

――あのね、「ついつい」っていうのは、一度か二度のあやまちのことだよな。それだけで支払いができなくなるとは思えないんだけどね。**常習犯なんだろ？**

O秀　常習犯って、そんな言い方……。

――そんな言い方、何だってんだ？

O秀　そんな言い方が、ピッタリです。はい。

――よし。で、キミの店は雑貨店だったよね。

O秀　ええ。東欧系のアンティークものを中心にやってます。チェコのステレオとか、モルドバのアイロンとか、ウクライナの消しゴムとか。それに……。

――わかったわかった。それで業績は？

O秀　めちゃ売れてます。いい値段で。遠方から来てくれはる人もいてますし。店の隣にお客さん用駐車場を確保したのも良かったかも。とにかく絶好調です。

――あ、そう。で、オープンはいつだったっけ？

O秀　ちょうど半年前です。その前はメーカーに長く勤めてました。その時代にヨーロッパ出張が多かったんで、向こうにいろいろコネができたんですわ。

――それで店を開いたら絶好調だと。いいねえ。驚いたろ、売り上げの多さに。

○秀　そりゃもう、感激しました。いい時やと、1日の売り上げだけで、会社員時代の給料の1カ月分をラクラク超えちゃいますから。

——目の前に何十万円だかの現金がある。しかも、それは毎日入ってくる。しかもしかも、それは紛れもなく全部キミのモノ。天国に昇った気分じゃないの？

○秀　ホンマそのとおりです。

——で、今、とうとう支払いに窮して、天国に召されようとしていると。

○秀　ウッ。

——ピンチなんだろ？　楽しそうに、おしゃべりしてる場合じゃないよなあ。

○秀　すんません。

——もっとも、仕事のことを楽しく話すのはいいことだ。好きなことは強いし。それに実際よく売れてるみたいだしね。**問題はちょっとしたこと**なんだな。

○秀　と、言いますと？

——キミさ、今の月給はいくら？

○秀　月給？　って僕のですか。もらってませんよ。だって自分の店を持ったんですよー。自分で自分に給料出して、どないするんですか（笑）。

——出すんだよ。自分で自分に。

○秀　マジですか？　僕は個人事業主ですよ。

――かまわないよ。そりゃ税法上、自分への給料は必要経費にならないけど、経費かどうかなんて話じゃなくて、**収入を分けたほうが、事業資金と生活資金の区別がつく**から、うっかり使いすぎたなんて事態にならないよって言ってるんだ。

○秀　そないな考え方があったんですか。

――あったんですわ～。だから、ちょっとしたことだって言っただろ。

○秀　せやけど独立前には、毎月いくら売れるんかなんてわからないですから、給料の決めようもないんちゃいますか？

――アホンダラ！　って死語？　とにかく、その考えはひどすぎるな。売り上げ予測くらい立てろよ。支出の予測だって立てられるだろ。で、それを差し引いた範囲で個人の生活費の額を決めればいいんだよ。

○秀　でもでも、差し引けるだけの売り上げがなかったら、どないします？

――その時は減額しろよ。

○秀　そっか。目安いうことですね。

――だね。実は、けっこう多くの人がキミと同じ失敗をするんだ。会社勤めをしていると給料は銀行振り込みだから、現実にまとまった現金を見る機会は少ないよね。それが、店を開いた途端、「さあ、持ってけ」とばかり目の前にお札が並ぶわけだ。この誘惑に勝てない人って、そこそこいるもんだよ。

○秀　自分のこと、言われてるようです。

――だよな。しかも、単に現金に誘惑されているだけなのに、目の前にお金があるのは、独立に成功した証《あかし》みたいに思い込んで、**いい気分になってバンバン使っちゃう**わけだ。そういうことになるから、財布を分けておいたほうがいいんだ。

○秀　反省します。でも、今の今、現実にお金が足りへんのですわ。

――あのな、私は知ってるんだぞ。

○秀　何をです？

――キミ、ここまで、どうやって来た？

○秀　自分のクルマで来ました。

――どんなクルマに乗ってて？

○秀　はい、ええっと、申し訳ありません。

――ありゃ、ベントレーのコンチの中古だろ。４００万円か、もっとかな。

○秀　やっぱり売るしかないんですか？　納車になったの、まだ先々月ですよ。

――ちっとも反省してないじゃないか！　金があると思い込んでクルマなんか買

ったのが間違いなんだよ。もっとも、換金できるもので良かったけどね。じゃなきゃ、倒産だぜ、キミの店。まあ、クルマを手放すか、夢がいっぱい詰まった店を手放すか、それはキミの自由だけどね。

○秀　売ります売ります。わかりました。クルマを売ります。

——それだけか？　ほかにすることはないかなあ？

○秀　あと、これからは、ちゃんとお店用の資金と、個人の財布とを分けます。確かに少しエエ気分になってました。気持ちを引き締めてやり直します！

——よっしゃー。**それがあきんど魂だ！**　気合入れてけよー。

起業の絶対常識 13

国民生活金融公庫って？

幅広い業種に対応し、なおかつ全国に支店（152店舗）がある政府系金融機関。数十万円から数千万円の幅で、新規開業希望者に積極的な融資を行っている。何よりの魅力は金利の低さ。ここ数年は、ほとんど年利1％台で、高くても2％台程度。返済期間も長期に設定することが可能で、月々の返済負担を軽くすることができる。

「新規開業資金」に関しては、一定の要件を満たす場合、上限750万円の範囲で無担保・無保証人の融資が受けられる新創業融資制度もある。ほかに、「女性、若者／シニア起業家資金」「普通貸付」「ＩＴ資金」「食品貸付」「生活衛生貸付」なども利用可能。

●起業の落とし穴 その4

格安物件にありがちなリスクは逆手に取れ！

相談

開業費用を抑えたくて、悪立地でカフェを始めたら、客が来ません（C作）

絵に描いたような悩みだな。

C作　そう言われちゃうと……。

——しょうがない。私が時々行こう！

C作　いや、そういう問題じゃないんですよ〜。

——なになに？　時々通うこともできないほど、辺ぴな場所なのか、おい。

C作　またそうやってボケるし。いくら何でもそんなわけないじゃないですか。

——だったら対処のしようはあるだろ。どういう立地なのか言ってみな。

C作　駅から徒歩5分、ではあるんですが、駅のメインの出口とは反対側なんです。っていうか、僕の店の側には出口がないんで、改札を出て地下道を通らないとこっち側には来られないんですよ。

——**駅裏立地**か。もっと詳しく教えてよ。

C作　地下道を上がると、すぐ線路沿いに道があるんですが、行き止まりなんです。正確には、線路に沿って３００ｍまっすぐで、そこで左に折れて20ｍで突き当たるL字型の袋小路なんです。

——ふむふむ。

C作　それで、その左に折れた一番奥に、つまり突き当たりに店があります。

——ヒエ〜〜。そりゃ本物の悪立地だ。

C作　はい……。

――その道路の周辺はどうなんだ？　店とか、病院とか、学校とかないのか？

C作　ありません。完璧に住宅街です。

――ブワッハッハ。ひどすぎ。店の近くを通る人は住民だけだ。それも相当奥に家のある人だけ。商圏内人口は15人程度か。こりゃホントひどいわ（笑）。

C作　もう、笑わないでくださいよ。

――笑うよー。しかし、何でまた、そんな奥地に店を出したんだよ。

C作　**安かったんです**。店の建物は、以前、普通の家だったのを、持ち主が自力で改造して住居兼レストランにしたんですが、やはりダメで……という経緯で貸しに出しているから安いそうです。

――かなり安そうだけど、いくら？

C作　1階が15坪の店で、2階に3部屋あって住めるようになってて、それで全部で毎月ピッタリ14万円なんです。消費税が7000円別にかかりますが。

――うおっ、安すぎ……。その条件を聞いたら、**よっぽど商売には向かない場所**なんだろうって、普通は思うけどなあ……。

C作　金額の魅力と、建物の雰囲気に負けました。手づくり感が妙に良くて。

――なるほど。ところで、何でカフェなの？　ほかの業種じゃダメなわけ？

C作　うーん、ずっと前からの夢でしたから。コーヒー豆も自分で焙煎《ばいせん》できるところまで修業してきましたし。豆の良し悪《あ》しを見る目にも自信はあります。

――だが立地の良し悪しはわからないと。ま、それはいいや。で、豆の販売は？

C作　ええ、やってます。本当においしいコーヒーだと自負しています。

――それを**オンラインで販売**してる？

C作　今、準備してるところです。

――そこにピンチ脱出のヒントが、ひとつはあるね。おいしい豆を売るだろ、それで次に、その豆を焙煎した本人が心を込めて淹《い》れたコーヒーを飲ませるっていう**ストーリー**がつくれるからね。

C作　なるほど。

――でも、それよりもだ。実際にキミの店を見ていないから断言はできないが、建物として、いい雰囲気なんだよね。しかも2階にもスペースがあるんだろ。

C作　ええ。ただ外階段で店とは別ですし、それに今、僕ら夫婦が住んでます。

――わかってないなあ。キミたち夫婦はどこかへ越して、2階も店として使うんだよ。階段は工事で中に取り付ける。資金は融資でまかなえばいい。それでだ、当然、それだけのスペースを使うんだから、思い切って料理を出したほうがいいね。元がレストランなんだから厨房《ちゅうぼう》スペースは確保できるだろ。

C作　そりゃあそうですが、自分はコーヒー専門ですし……。

――奥さんは？

C作　彼女は確かに料理はうまいですよ。でも、勤めに出てますから。

――勝負しろよ。奥さんを説得して一緒にやってもらえよ。最初はランチから始めてもいいし。とにかく2階を個室風に改装して、「家庭的だけど隠れ家的」、そんなコンセプトの飲食店にしたら盛り返せるんじゃないかな。

C作　「家庭的だけど隠れ家的」って、夫婦でやっている、変な場所にある店ってことじゃないですか（笑）。

――そうだよ。それを、**お客さんの側から見て魅力的に感じる言い方**にしたわけだ。とにかく、町自体は大きいんだから、悪立地を逆手に取って、「この町に、こんな店が隠されていた」という方向でアピールするんだ。**マスコミも活用**しよう。雑誌や関連サイトにニュースリリースを送り続ければ、絶対に取材に来るって。料理は家庭的で、しかも食後のコーヒーは天下一品。面白いよね。とにかく回り始めれば、家賃が安いだけに、借り入れを返済しながらでもやっていけるよ。

C作　はあー。考え方ひとつなんですね。

——まあ、口で言うほど簡単じゃないけど、アイデアを出していけば、決して絶望ってわけじゃあないんだ。そうそう、サイトをつくるなら、夫婦それぞれの持ち味を生かしてやっている「いい雰囲気の店」ってことを伝えたいね。

C作　ちょっと目の前が開けてきました。

——よし。とにかく、落ち込むヒマがあったら、いろいろ考えてみることだ。

C作　わかりました。まずは家内を口説いてみます。頑張ります。

——よっしゃー。逆転をかけたプロポーズだ！　気合入れてけよー。

起業の絶対常識 14

収支計画ってどう立てるの？

「収支計画」とは、収入と支出の関係や、借り入れと返済の関係などを将来にわたって予測すること。そのためには、まず、商品やサービスの価格を決定する必要がある。価格相場を実地や資料で調べたうえで、複数の角度から検討して決めよう。価格設定や販売体制などが見えたら、再度、支払いを検討し、収支の整合性をチェックしたうえで、計画書に反映する数字を決定する。

また、収支計画は数年先まで立てておきたい。例えば、「3年後に売上高1億円、単年度黒字」などの目標を立て、そこから逆規定して当面の目標を設定しよう。

●起業の落とし穴 その5

仕事欲しさの安請け合いは、自分の首を絞めるだけ！

独立前にやたらと営業して回ったら、仕事が来すぎて追いつけません（M夫）

☞寝ないでやるしかないね。

M夫　もう、そんなこと、とっくにしてますよ。目の下のクマが見えませんか？
――あっ、そういう顔かと思った。
M夫　ふざけないでくださいよ！
――それくらいでカッカするようじゃ、マジで重症だな。
M夫　だから相談しに来たんじゃないですか！
――まあまあ、睡眠不足が続くと怒りっぽくなるんだよな。普段はそんなに短気じゃないんだろ。処理しきれないほど仕事を依頼されるってことは、専門能力も評価されてるんだろうけど、きっと、人柄も評価されてるんだろうからね。ええっと、仕事は何してるんだっけ？
M夫　コピーライターです。
――ああ、広告の文章を書く人ね。ちなみに、正しくはカピライラーだな。英語の発音としては。ま、いいけどね。
M夫　いいです。
――はいはい、すいません。そんで、フリーになったわけだね。
M夫　はい。
――その前はどうしてたの？

M夫　中堅の広告代理店に勤めて、その会社の一員として、コピーラ……いや、カピライラーをやってました。ははは。

――おお、リラックスしてきたね。**相談っていっても、結局、ものを決めるのは自分**なんだから、落ち着かないとね。それで、なぜその会社を退職したわけ？

M夫　担当クライアントが決まっていて、ある食品メーカーなんですけど、その会社の広告ばかりを何年もやっていたんです。それで、キャリアとしてこのままじゃあ危ないと思ったんですよ。もっといろんな業種のクライアントの仕事をしないと、偏ったクリエイターになりそうな気がして……。

――転職じゃいけなかったのかなあ？

M夫　いけなくはないんですけど、どうせいつかは独立するだろうと思ったので、それなら、早いほうがいいと考えました。

――なるほど。その話自体は悪くないね。ただ、こういうことなんだろ。独立後に仕事があるかどうか不安だから、あっちこっち営業して回ったと。でも、食品以外の業界知識はないに等しいから、「勉強のつもりで安くやります」とか何とか言っちゃったと。そしたら**予想外に声がかかり**、でも、**不得意分野の仕事だから時間はかかる**し、なのに**ギャラが安い**から何件も掛け持ちしないといけないし、その悪循環で寝る時間がなくなっていると。図星だろ？

M夫　当たってます。でも、まだ続きがあります。結局、辞めた会社から、「あの客のコピーはキミしか書けないから、引き続き外注としてやってくれ」って言われて、それも受けちゃって……。

――あちゃ～。で、今の具体的な状況は？

M夫　今週中に、企画書を4社分、新聞広告が3本、情報誌の原稿が2本、取材が1件……。あと何だったか、まだ受けてる気がするんですが……。

――無理だな。残念だけど、キミが今、仮に元気いっぱいだとしても、処理できるような量じゃないよ。発注主にすぐ謝罪だ。

M夫　えっ、でも、そんなことしたら信頼をなくして、次から仕事がこなくなるかもしれないじゃないですか。

――ボケ！　じゃあ聞くが、内容がスカスカの二流仕事を納めて、それで信頼が保てるとでも言うのか？　なあ、どう思う？

M夫　……。

――このままだと「**二兎《と》を追う者は一兎をも得ず**」のことわざどおりになるぞ。あのな、全部断らなくてもいいんだよ。優先順位だ。まずは、抱えてる仕事の中で、一番成果が出せそうで、なおかつ、今後も続けたい仕事はどれだ？　その答えが出たら、その仕事に、残りの時間をフルに使って全力で取り組め！

M夫　はあ。

――並行して、それぞれのお客さんの状況をよく聞いて、納期を延長できそうなものがないかどうか確認する。いいか、先方と話す時、正直に今の自分の状況を言うんだぞ。身から出たサビなんだから、言い訳したり、調子のいいことを言ったり、逆ギレしたりするなよ。その結果、どうしてもこぼれてしまう仕事は、心の底から先方にお詫びをして、おろしてもらえ。で、代理を立てろ。当然、その会社からはもう使ってもらえなくなるだろうが、それは仕方ないことだからね。

M夫　**あっちこっちにイイ顔しようとしないで、絞れ**ってことでしょうか。

――そうだよ。本来はこの段階で逃げるのは問題があるけどね。でもな、このまじゃ失敗は避けて通れないよ。そもそもこの問題に限らず、**独立すれば、何か問題は起きる**もんだ。だから失敗したら、その失敗を早く認めて、受けるべきペナルティーは受け、その教訓を次に生かすしかないんだ。それが長く独立人生を続けていくコツだよ。今、無理して、お客さんからは「何だコレ!?」と叱責されるわ、カラダは壊すわだったら、もう容易に立ち直れないだろ。

M夫　そうですね。この後、冷静に優先順位をつけてみます。それで、無理なところには土下座して謝ってきます。で、優先順位一位の仕事に全力集中します。

――そうそう。**選択と集中**だ。いろいろとつらいだろうけど、こういう苦境を越えていって、いいコピーライターになっていくもんだ。うむうむ。

M夫　いいカピライラーですよね、先生（笑）。

――えっ、ああ、まあ、そうも言うね。

M夫　とにかくよくわかりました。思い切って整理します。頑張りますよ！

――よっしゃー。**それが勇気ってもんだ！**　気合入れてけよー。

起業の絶対常識 15

個人事業を開業するには？

身軽に始めて、信頼と実績を養いつつ、変化に対応しながら堅実に事業を伸ばしていきたいという人は、法人設立でなく、個人事業からのスタートを考えてみたい。個人事業といっても、屋号をつけて活動することには問題がない。また、共同経営者を持つことも、従業員を雇うことも自由。

開業に当たっては、所轄税務署などに次の届出が必須。①個人事業の開廃業等届出書。②個人事業開始申告書　③所得税の棚卸資産の評価方法・減価償却資産償却方法の届出書。さらに、青色申告を行う場合や、従業員に給与を払う場合に必要な届出もある。

●起業の落とし穴 その6

休日なくして、健全な経営はあり得ない！

開業以降、休みなしでラーメン店をやってきて、もう疲れ果てました（Q洋）

だったら休めばいいいじゃん。

Q洋　えっ？

――えって何だよ。疲れてるなら休むのが当然だろ。キミは20代だっけ。まあ、体力に自信はあるだろうし、集中力もあるだろうけど、それにしたって限度があるぜ。若者だろうが年輩だろうが、人間は休息しないと生きていけないからね。

Q洋　でも、開業する前に、先輩オーナーから、「休みなんか取っているようじゃダメだ。経営が安定するまでは不眠不休でやれ」って厳しく言われたんです。

――そういうのを「言葉のあや」って言うんだ。「ラクをしようと思って始めたら失敗するぞ」って戒めただけで、そのとおりにするヤツがあるか。

Q洋　でも、そう言われたから……。

――**他人のせいにするな**よ。じゃあ、先輩が「店の掃除なんかしなくていい」って言ったら、そのとおりにするか？　なあ？

Q洋　それは、しないと思います。

――だろ。結局、自分の考えでやってることじゃないか。キミは、年中無休で始めちゃって、今さら定休日なんかつくれない、そんなことしたら、客が離れるんじゃないか、そう思って怖くて、きついのを我慢してるだけなんだろ？

Q洋　そうかもしれません。でも、開業してもうすぐ1年なんですが、まだ、目標の数字にいかないんで、やっぱり安定するまで頑張るしかないって思って。
――じゃあさ、もし、10年間安定しなかったら、10年間ずっと休まないわけ？

Q洋　いや、それは……。でも、実際に10年も安定しないってことはないんじゃないですか？　経験を積んでいけば徐々に力もつくだろうし……。

――仮に10年って言っただけで、5年でも3年でもいいよ。っていうか、ずっと続けてれば安定するだの、力がつくだのって思うこと自体、最低だな。遠慮なく言わせてもらえば、あと1年もつかどうかわからないのがキミの店の現実だぜ。

Q洋　わかってます。きっとそうですよね。それならそれでもいいんですけど。

――本当に疲れちゃってるんだなあ、キミ。

Q洋　一生懸命やってきたんですけど。なんかもう……。

――キミが頑張ってきたことはよくわかってるよ。それはほめてあげたい。ただね、**ガムシャラにやってれば、いつかは安定するなんていう考えは、やっぱり甘すぎる**んだな。体を使わなくちゃ稼げないのも事実だけど、それ以上に頭を使わないとダメなんだよ、経営者は。わかるか、キミは経営者なんだよ。

Q洋　経営者として考えてるつもりなんですが……。

――考えてるって言っても、問題点を見つけてないんじゃ考えてないのと同じだろ。問題の核心をつかんで手を打たないと。人間の体に例えれば、どこかに大きな病巣があって、明らかに調子が悪いのに、何の治療もしないまま、激務を続けているようなもんだ。しかもキミの店の病巣は1カ所とは限らないよね。キミだって何がまずいか薄々は見当がついてるんじゃないの？

Q洋　ええ。多少は。

――でもそれを深く考えるのが**怖い**し、**しんどい**。だから激務に**逃げている**。

Q洋　たぶんそのとおりです。最近はブッ倒れたら、何も考えないで済むからラクかも、なんて思ったりもするんです。でも休んだら本当におしまいだし……。

――悪循環だな。休まないから疲れる。そうすると気持ちもなえて、改善が進まない。だから売り上げが伸びず、また休めなくなる。これを繰り返していくと、本当につぶれるよ。店も、キミの体も、両方つぶれちまうぞ。

Q洋　もう、終わりなんですか、僕？

――終わりじゃないさ。こうやって相談に来たってことは、投げやりな気持ちもある一方で、まだ頑張りたいって気持ちもあるからだろ。いいか、店が金を稼ぐんじゃなくて、キミが稼ぐんだ。だからキミが元気じゃないとダメなんだよ。

Q洋　はい。でもどうしたら元気に……。

――だから、休め。定休日をつくって休め。**休んで冷静になることが先決**だな。それができたら具体的な経営改善の相談に乗るからさ。とにかく今の状態で他人に頼っても解決しないぞ。キミがシャキッとすることが問題解決の第一歩だ。

Q洋　確かにそうですよね。健全な精神は健全な肉体に宿るってやつですね。

――そうそう。そして、健全な肉体は健全な精神に宿る。心身ともに大事にしてやらないとね。でさ、世の中には「**案ずるより生むが易し**」って言葉があるんだ。営業日を減らして大丈夫かなあって心配だろうけど、やってみれば、その条件で何とかする方法を考えつくもんだよ。とにかく独立したら、長い人生を自分の力で過ごしていくわけだから、勤めの時以上に、コンディションに気を配ることが大切だよ。だから定休日をつくれ。理想は週一回だけど、まあキミは若いから隔週でもいいよ。それくらいだったら今すぐに決断できるだろ。

Q洋　隔週か……。そうですね。それならできます。日曜日は特にお客さんが少ないんで、第一と第三か、第二と第四か、ちょっと考えてどっちかを休みにしてみます。来月からそうしますよ。ああなんだ、こんな簡単なことだったのかー。

――その簡単なことを決断するのが難しいんだよな。独立って、全部自分で決められる喜びと、全部自分で決めなくちゃならない苦しみと、両方あるわけよ。でも力がつけば、喜びのほうが断然多くなるからね。焦らないでじっくりやれよ。

Q洋　ですよね。ホント、気分が晴れました。ああ、良かった。

――そのうえで**定休日は、第一・第三日曜**のほうがいい。わかるだろ？

Q洋　えっ？　あ、あああっ、そっか。第四日曜は月末の給料日にかかりますね。確かに同じ日曜でもそっちのほうが客入りはいいです。ありがとうございます。

――おっ、早くも頭が冴《さ》えてきたね。休むって決めただけですごい効果だ（笑）。

Q洋　ちゃっかりしてますね（笑）。でも、本当にやる気が出ました。やります！

――よっしゃー。**これでメリハリが出てきた！**　気合入れてけよー。

起業の絶対常識 16

有限会社がなくなるってホント？

これまで大企業を前提としていた商法を、「小企業や独立を目指す人にも会社を設立・運営しやすいルールを」と、06年5月以降、新たに会社法が施行される予定。それによって有限会社は廃止され、株式会社に一本化される。

したがって、会社法の施行後は、新たに有限会社を設立することはできなくなるが、有限会社と同様の「取締役1人、監査役不要」というスタイルを選択すれば、小規模で簡素なスタイルの会社にすることは可能。また、既設の有限会社は、「有限会社」のまま存続することもできる。もちろん株式会社へ組織変更してもいい。

●起業の落とし穴 その7

「取らぬタヌキの皮算用」で、自分の強みを見失うな！

いい商材はあるのに、どうしても売れません。マジで売れないんです（H正）

そりゃカンチガイだな。

H正　へっ？　本当に売れてませんって。そんなアホな勘違いはしませんよー。

――それこそアホな勘違いだ。私が言ってるのは、「いい商材がある」っていう部分だよ。だいたいさあ、「いい商材」だの「悪い商材」だのっていうのは、どういう意味なんだ？　何が良くて、何が悪いんだ？

H正　簡単ですよ。売れる商材がいい商材で、売れない商材が悪い商材です。

――あれれ〜。だったら、キミの扱ってる商材は、悪い商材になるんじゃないの？　売れてないわけだからさ。そうだろ？

H正　あれ……。ちょっと待ってください。いい商材というのは、えーと、いい商材ってのはですねえ、うーんと……、つまりは……。

――もういいよ、質問変えるから。その商材って何？　それで、その商材をキミがいいと思った理由は何なの？

H正　飲料です。おいしくて、健康に良くて、なのに知られてなくて。それでメーカーに聞いたら、ちょうど販売代理店を探してたとこだって言うんで……。

――**サンプルでユーザーテスト**した？

H正　あ、いや、あの、そういうことは特別にはしてないんですけど。

――じゃあ、その飲み物がいいと思ってるのはキミだけか？

H正　基本的にはそういうことになっちゃいますかね。

――基本もへったくれもあるか。そうなんだろ？　それだけで扱ってるわけ？

H正　掛け率も良かったんですよね。だから一次代理店として仕入れて、僕が将来、二次代理店網をつくっても十分に利益が出るって読んだんですけど。

――見事な「**取らぬタヌキの皮算用**」だな。そもそもの話だけど、キミはどういう事業をやろうと思って独立したんだっけ？

H正　メーカーで営業をやってましたから、やっぱ営業力を生かした事業をしようと思いました。が、甘かったです。非常に。

――だよね。ところで**どのマーケットで商売するのか**決めないで独立したの？

H正　ええ。あれがいい、これがいいって、より好みしている場合じゃないんで。

――キミねえ、もしかしたらマジでアホかもよ。

H正　ちょっと勘弁してくださいよー。マジですか？

――かなりね。営業力を生かすのはいいとして、でも、誰に、何を、どう売るのか、それを決めておかなきゃ、まるで、出たとこ勝負じゃないか。

H正　誰に、何を、どう、ですか？

――そうだよ。同じものを売るにしたって、小売店で売る、自動販売機で売る、通信販売で売る、訪問販売で売る。相手が企業なら、また違う売り方もある。

H正　確かにいろいろありますよね……。

――それでキミの場合、今まで企業に出かけて、商談をまとめてたんだよね。

H正　そうです。きつい価格要求ときつい納期要求の中で頑張ってきました！

――たいしたもんだ。なら、どう売るかは、やはりキミのその「企業担当者さばき能力」を生かす方法を取りたいところだね。

H正　威張っちゃっていいんなら、それ、かなり自信あります。

――で、聞きたいんだけど、キミが売ろうとしている飲料というのは、その**能力が生かせる商品なのか？**　つまり、それを買わせたい相手は、キミが得意としてきたような企業の担当者たちなのか？

H正　まさかあ、基本的には個人商店とか個人そのものが相手です。

――惜しいよねえ。せっかく自信のある分野を持ってるのにさ。

H正　自分の得意技を見落としてたってことですか？

――そうだな。キミの言い方を借りれば、基本的に見落としてるね。とにかく、独立したら、もはやひとりの営業担当者じゃあないんだよ。正確に言えば、**営業をする前に、事業をする人間**ってことだ。事業である以上、どのマーケットで勝負するのかを最初に決めるのは当然だろ。で、進出するマーケットを選ぶ際には、そのマーケットの規模や成長性も重要だけど、自分の経験や能力が生かせるか、それから、**その市場分野が好きなのかってことも重要**な要素なんだよ。

H正　お聞きしてると、僕のやってることは、全然、見当違いのような……。

――ハッキリ言えばそうだ。単に掛け率のいい商品を、というようなやり方をしてたら、当たるも八卦《はっけ》、当たらぬも八卦、みたいな展開になるよね。

H正　はい。僕は当たりませんでしたが。

――本当に考えるべきなのは、自分の強みや志向はそもそもどこにあるのか？　そして、強みや志向を生かせる商材は何か？　あるいは自分の強みや志向を生かせるターゲットは誰か？　そうやって考えをつめていって、そのうえで、その市場が伸びそうかとか、高い利益率が見込めそうかとかを考えて、最終的にどの分野でやるかを決めていくんだよ。簡単な話だと思うけどね。

H正　すっごく納得しました。言われれば確かに簡単なことですね。そういうふうに考えていけば、自信を持って売れる商材に出合えそうな気がしますもん。

――それ。それがキミにとっての「いい商材」って意味なんだよ。わかった？

H正　わかりました。キャリアを生かせる分野を、もう一度最初から探します。

――うん。それから可能性の問題程度に聞いておいてほしいけど、キミが今扱ってる飲料、個人に売るだけじゃなくて、企業に売る道もあるかもね。以前のつてをたどって、企業の総務部や庶務関係に当たってみたらどうだ？　お茶やコーヒーと競合できれば面白いかもよ。

H正　そうか。気がつかなかった。もし、結果がだめでも活路が開けそうです。

――まず、**自分という商品を生かす**ことだ。商材よりもキミの魅力が商品だ。

H正　ですよね。頑張っちゃいますよ、僕。ありがとうございました。

――よっしゃー。売って売って売りまくれ！　気合入れてけよー。

起業の絶対常識 17

資本金1円で株式会社がつくれるの？

これまで、有限会社は300万円以上、株式会社は1000万円以上と定められていた「最低資本金規制」が会社法の施行で完全に撤廃される。つまり、同法施行以降は、会社を設立する人（発起人）自身が望む資本金の額で、会社を設立できるようになる。

また、最低資本金規制の特例制度にあった「設立5年以内に増資」などの制限もなくなるので、資本金1円で会社を設立し、その後、全く増資をしなくてもかまわない。ただし、特例制度で設立した会社（確認会社）は、設立5年以内に増資しない場合は、解散することなどを定款《ていかん》の「解散事由」に記載しているので、これを定款から削除する必要がある。

No!

●起業の落とし穴 その8

流行の業態に目を奪われて、ターゲットを忘れるな！

私の彼氏が移動カフェを始めたんですが、売り上げがイマイチで（Ｉ子）

まだ続いてたのか、彼氏と？

I子　ええ……って、それはいいんです！

――わかってるよ（笑）。店の対策のことだよね。

I子　はい。何とか助けてあげたいんです。応援するって約束したんです。

――エライ！　彼氏のために、こうやって動くなんて、立派な心掛けだな。

I子　いいえ、そうでもありませんよ。

――もっとも彼氏も彼氏で大した行動力だね。まだ若かったよね？

I子　今年で25になるんです。

――いいねえ。若いうちに小さく始めて、経験を積んで、どんどん夢を膨らませていけばいいんだから。移動カフェなら200万円くらいで始められたでしょ？

I子　もっと安いですよ。コーヒーメーカーは高かったですけど、クルマは中古ですし、改造も私や友人たちで手伝って、総額90万円くらいでできました。

――そりゃすごい。**小さく始めてコツコツと**が、やはり起業の正道だね。

I子　はい。もしこれが1000万円とか投入して開いた店だったら、今ごろは生きた心地がしなかったと思います。

――だよな。やっぱり移動店舗の魅力は、建物物件より少ない資金で始められる点だからね。あと、建物物件と違って、場所を変えられるのも魅力だよ。立地選定をミスったなんてことで泣かなくてすむ。だから**リスクが低い業態**なんだ。

I子　ですよね。それは彼氏とも、きっとそうだって話してました。

——だからって、失敗してもいいなんて思ってると、打開策は出てこないぞ。

I子　そんなこと思ってません。そもそもっていうか、実はですね、開業資金のその90万円を出したのは私なんですよ。

——えっ、そうなの!?

I子　それから実は実は実は、もう私たち結婚してるんです。将来、ふたりでカフェをやりたいので、それでまず、彼氏に移動店舗で勉強してもらおうと……。

——なるほど、だからあなたも必死なんだな。そっか、ふたりとも当事者なのか。だったら遠慮しないでビシビシいくぞ。いいね？

I子　よろしくお願いします！

——いきなりだけど、彼氏のコーヒー、まずいだろ。

I子　ええっ、そ、そんなあ……。

——豆、どこで仕入れて、どんなブレンドにしてる？　コッソリ言ってみな。

I子　○△×××で、□×△です。

——全然個性ないじゃん。じゃあ、パンやデザートはどうなの？

I子　まあ、普通には……。

——普通って何だよ、普通って。じゃあ何がウリなんだ？　あのね、クルマを自分たちで改造したのはえらいけど、魅力のあるメニューを考えるってことは、それ以上に大事というか、飲食ビジネスの大前提だろ。安く開業することばかりに目を奪われて、基本をおろそかにしてるぞ。

I子　すみません。

——今さらカフェのスクールに行けとも言えないしなあ。何しろ、もっとふたりで勉強しろよ。毎晩、営業が終わったあとで、研究したり練習したり。

I子　そうですよね、基本がダメでした。あ〜あ、ダメだなあ。

——実際に彼氏の淹《い》れたコーヒーを飲んだわけじゃないから、本当は騒ぐほどのことじゃないかもしれないけど。でも、**「おいしい」ってことは、小さいお店の切り札**だから、そこを大事にしてほしいわけよ。大手チェーンのように低価格で提供したり、終夜営業したりなんて方法で勝負はできないだろ。ね？

I子　はい。それは無理だと思います。

——そのうえでだ。移動店舗ってのは、動けるわけだから、特定の出店場所でやっていく方法もあるけど、**大型施設の近く**に行ったり、**イベント会場**に行ったりって感じで、攻めの営業もできるんだよ。移動店舗特有の強みを生かせってことだ。あ、念のために言っとくけど、どっちにしても公道上で勝手に営業しちゃダメだよ。**道路法違反や道路交通法違反**になって警察にお目玉食らうからね。

Ｉ子　はい。営業場所の問題や、改造に際しての保健所の要件なんかは勉強したんです。でも、商売的に見て、どの場所で営業するのがいいか、自信がなくて。それで今は自宅近くの商店街の空き地を借りてやってるんですけど……。

――でも、売り上げが伸びない。

Ｉ子　ええ。

――その商店街自体にターゲットになるような人があまり来ないんじゃない？

Ｉ子　結果的には、そうかもしれません。

――そもそも、あなたたちのターゲットって誰？　街をブラブラする若者か、近くにおいしい喫茶店がなくて困っている会社員の人たちか。誰なんだ？

Ｉ子　うーん、誰って言われても……。

――それが決まらなけりゃ出店場所も、メニューも決まらないだろうなあ。いいか、移動店舗だって立派な店なんだ。だから、特定の場所でやるにしろ、巡回型でやるにしろ、ターゲットを決めて、その人たちが喜ぶような味を研究し、その人たちが多く集まる場所を探して、それから「ヨーイドン」だよ。

Ｉ子　言われてみれば本当にそうですよね。アイツ、全然ものを考えないから。

――こらっ。彼氏のせいにするな。ふたりの問題だろ。とにかくもう一度、基本プランを立て直すこと。その結果、やっぱり今の場所じゃダメだって思うなら、新しい場所を探せばいい。それができるのが移動店舗のメリットなんだからね。いいか、彼氏とよく話し合えよ。あ、それからもうひとつ。結婚おめでとう！

Ｉ子　ありがとうございます。ふたりで力を合わせて頑張ります！

――よっしゃー。**これが夫婦最初の共同作業だ！**　気合入れてけよー。

起業の絶対常識 18

「譲渡制限会社」ってどんなもの？

譲渡制限会社とは、「自分の株式を譲渡（売買したり、贈与したり）する際は、取締役会の承認を要する」などの決まり事を「定款」に記載している株式会社のこと。これは、経営に対して敵対的であったり、不適切だったりする相手に株式を取得されて、会社経営が左右されることを阻止するための手立て。また、譲渡制限会社にした場合は、取締役会を設置しなくてよい、取締役が1人以上いればよい、監査役は置かなくてよいなど、有限会社と同様の簡易なスタイルを選択したり、取締役や監査役の任期を10年まで延長することができるため、安定経営に加え、手間やコスト削減も可能となる。

●起業の落とし穴 その9

迷惑な客には、強い態度で臨め！

「その筋」の人が常連になっちゃって、普通の人が来てくれません（J義）

えっ、何？　その筋の人って。

J義　だからあ、その筋はその筋ですよ。ヤバイ人のことですよ。
――指定暴力団の構成員ってことか？
J義　わっ、そんなにハッキリ言っちゃって……。
――そういうふうに、彼らのことを**タブー視するからややこしくなる**んだよ。
J義　すみませんです。
――そもそも、その筋の人ってのは、本当に暴力団なの？　単にガラの悪い人かもしれないし、もしかしたら暴力団を気取ってるだけの人かもしれないよね。組織の名前を名乗ったり、そういう名前が入った名刺をもらったりした？
J義　いや、それはないんですが……。あっ、でも、会話の中にアニキとかオジキとか、それっぽい言葉はしょっちゅう出てきます。
――オジキとくれば次はハジキだ。ははは……。ごめん。ちょっと寒かったね。ま、ともかく、その人たちが常連になった経緯を教えてもらえるかな。
J義　それがどう言ったらいいか、ちょっと変な話で……。
――いいから、話してくれよ。
J義　はい。ウチは居酒屋なんですが、開業して半年頃でした。見るからにヤバそーって感じの2人組が来たんです。で、ほかのお客さんが、ひとりふたりと減って、とにかく誰もいなくなった途端、話しかけてきたんです。「**ショバ代を払っていただけないでしょうか**」って。すごく礼儀正しいんで驚きました。

――変なところに感心してんじゃないよ。で、どうした？

J義　ええ、いくら感じが良くても、そんなお金はありませんから。実は……、まあこの際ですから正直に言いますが、開店からずっと赤字なんですよ。

――あらまあ。そっちのほうが問題かもしれないけど、ま、それは置いとこう。

J義　で、そのお兄さんたちにも正直に言いました。口だけだと信用されないかもしれないんで、帳簿や通帳なんかも出してプレゼンしたんです。そんで、ウチがいかにダメかって説明しているうちに、自分で自分が情けなくなって、涙が出てきちゃったんですよ。そうしたら年上のほうの人が、「まだ開業半年でしょ。そのくらいでオタオタしてちゃダメだ。商売ってのはじっくりやるもんだ。ご主人の料理はうまいんだから、きっとそのうち客足も伸びるよ。安心しろ」って。励まされちゃったんですよね。それが嬉《うれ》しくて、また涙が出ちゃって……。

――おいおい、それじゃあ恩人じゃないか（笑）。

J義　ある意味そうなんです。確かに元気になりましたし。ショバ代もいらないって。「年末になったら、知り合いの露店でしめ飾りを買ってやってくれよ」って、それだけで話は終わったんです。その時は……。

――ところがまだ先があるわけだな。

J義　はい。それから1カ月くらいしたら、また、その人が来たんです。「今日は客だ。じゃんじゃん料理と酒を出してくれ」って。で、連れてきた仲間たちに、「どうだ。うまいだろ。な、ここの食い物は最高だ」なんて言ってくれるんですよ。お金もちゃんとどころか余計に払ってくれて。それからは月に2、3回のペースでいらっしゃるんですよねえ。

――なるほど。それじゃ来るなとは言いにくいよなあ。

J義　ほんとです。でも、やっぱり、見るからにその筋の人たちなんで、**普通のお客さんは逃げちゃう**んですよね。結局、いくらその人たちがお金を使ってくれても、ほかのお客さんが来ないせいで、業績は相変わらずダメダメなんですよ。

――おおお、それはいい話だ。

J義　はあ？

――そこが交渉の切り口だよ。「贔屓《ひいき》にしてくれるのはありがたいが、そのせいでほかのお客さんが来なくなり、結果的にウチの店はつぶれそうだ。もし、ウチの店がつぶれたら、おいしいと言ってくれた料理も出せませんよ。来るならひとりで静かに来てください。それがいやなら来ないでください」って。

J義　は〜〜。そういう話の持っていき方があるんですねえ。

——どうだ？　言えるか？

J義　先生からそれを言ってもらうわけには……。

——いくわけないだろ。キミが解決しなくちゃだめなんだよ。**自分に降りかかった火の粉は、自分で払う**のが独立人生だろ。それにね、その人は、キミのことを気に入ってるんだよな。キミの店をつぶすつもりで来てるんなら、そりゃ警察に届けて対処してもらうしかないけど、そうじゃないんだよな？

J義　はい。僕を応援するつもりみたいなんです。

——だったら、ひとりの人間対ひとりの人間として、正直に「困る」って言えよ。

J義　わかってもらえるんでしょうか？

——知るか、そんなこと。わかってもらえるように話せよ。わかってもらえなかったら、わかってもらえるまで何度でも話せよ。**筋は曲げちゃあダメ**だ。でもね、あんまり期待させてもなんだけど、たぶんわかってくれると思うよ。話を聞く限りは、そういう感じがするけどね、その人。ただしだ。ちょっとでも脅かされたりしたら、これは即犯罪だから、すぐに警察に通報しろよ。脅すんなら、それはもう常連さんでも何でもなくて、単なる暴力団ってことだから。わかったな。

J義　わかりました。まずは誠心誠意、話をしてみます。

――いいねえ。それだよ。まあ、飲食店をやっていると、そういう人だけじゃなくて、いろいろな種類の変なのが来るだろ。そのたったわずかの変人のせいで、店をつぶされちゃあかなわないよな。**迷惑な客を追い払うことは、店舗経営者にとっての重要任務**なんだ。それができないなら、店を持つ資格はないぞ。

J義　そうですよね。やっと夢がかなって持てた店ですもんね。頑張ります！

――よっしゃー。その意気だ！　気合入れていけよー。

起業の絶対常識 19

「類似商号規制」ってどんなもの？

他の会社が先に登記した商号と同一、あるいは類似する商号は、同一の市町村（東京特別区と政令指定都市では区単位）内で、同一の営業を行う場合、登記することができないとするのが商法と商業登記法の「類似商号規制」。これが、会社法の施行によって廃止されることになった。ただし、営業目的のいかんにかかわらず、他の会社と同一住所において、同一の商号を登記することは、許されていない。

改正後は、登記手続きが迅速化されることになるが、トラブルが増えないかという懸念もある。不正競争防止法や商標法で、自社の商号を保護することも念頭に置いておこう。

●起業の落とし穴 その10

社員を甘やかすな！社員に依存するな！

社員たちは、指示は無視するわ、怒れば反論するわで、最悪です（V造）

☞そんな連中、辞めてもらえよ。

V造　いくら何でもそれは……。

――だから、なめられるんだ！　そういう連中は、キミのその**弱腰を見抜いているんだよ。**キミは社員たちからラクショーなやつだって思われてるんだ。

V造　何もそこまで言わなくても……。

――いいじゃないか。キミは単に従業員を雇う才能がないだけなんだから。

V造　もっときついじゃないですか～。

――なぜ？　きつくないだろ。人を使う才能のあるやつが、使えないって言うなら許さないけどさ、キミは**適性がないんだから、仕方がない**んだよ。

V造　それ、本当にフォローなんてしてないよ。単に本当のことを言ってるだけ。キミのことは昔から知ってるけど、これは一貫した真実だと思うね。

――いいや。フォローなんてしてないよ。単に本当のことを言ってるだけ。キミのことは昔から知ってるけど、これは一貫した真実だと思うね。

V造　ちょっと待ってください。僕が今日来たのは、言うことを聞かない社員たちが、どうやったら言うことを聞くようになるかを教えてほしかったからで、そんなことを言われるためにわざわざ時間を取ったんじゃありません！

――わざわざ時間を取ったのは私のほうでしょうが（苦笑）。

V造　まあそうですけど、とにかく、もういいです。帰りますから。失礼します。

――あ、そう。じゃーね。ああ、そうだそうだ。会社に帰ったら、社員たちに大きな声で「ただいま!」ってちゃんと言えよ。な。

V造 そんなこと言われなくても、いつも……、あっ……。

――やってないんだろ。まあ、いいよ。おい、突っ立ってないで、座れよ。あのねえ、**社員っていうのは社長の鏡**みたいなもんなんだ。社長がふざけてれば社員もふざける。社長が元気がなければ社員も元気がない。社長がラクしようと思っていれば、社員もラクをしようと思う。そういう存在なんだな。

V造 そうなんですか。

――うん。社員のことは置いといて、まず、キミ自身のことを聞くけど、キミという個人は、他人から魅力的に見えているかなあ? 尊敬されたり、憧れられたり、カッコイイと思われたりしているかなあ。どう思う?

V造 さあ、それはわかりません。

――昔さ、キミが3日間徹夜して間に合わせた仕事があっただろ。後輩が盲腸になっちゃって、急きょキミがカバーした雑誌のデザイン、覚えてるだろ。

V造 ああ、あれですか~。あの時はマジで死ぬかと思いましたよ。確かちょうどできあがった時、先生が鼻唄《はなうた》を歌いながらウチの会社に遊びに来たのを覚えてますよ。気楽な人だなって、心の底から思いましたから（笑）。

――ははは。僕はね、心の底からキミがカッコイイと思ったよ。

V造　えっ？

――もともとデザインのセンスはズバ抜けていると思ってたけど、その責任感の強さにはほれぼれしたね。感動して、鼻唄の音程が微妙にズレていたことに、キミは気がつかなかったのか？

V造　先生……。

――あのあと、キミから「独立したい」って相談を受けた時、「大丈夫だ」って言ったのは、キミはどんな仕事でも絶対にやり遂げる男だと思ったからだ。

V造　先生。何となくですけど、少し、問題点が……。

――見えてきたか？　それなら何よりだ。

V造　独立して会社をつくったら、仕事がどんどん来たんです。それで次々に社員を入れました。会社にするとこんなに儲かるのかって、最初は有頂天になりました。で、自分は現場から一歩引いて、若い社員たちにガンガンやらせてたんです。でも、そのうち、**何で仕事が来るのか、わかったんですよ**。自分で言うのは恐縮ですが、クライアントは、僕の仕事を買ってくれてたんですよね。だけど、気づいた時には遅かったです。できの悪い仕事をする若手を使ってたせいで、あっちこっちで仕事を切られてしまったんです。ふ～。

──仕事は減っていくのに、社員はたくさんいる。どうやって食うか悩んだろ。

V造　完璧そうです。それで、社員たちにも営業を頑張ってもらって……。

──営業をしたくて入社してきた人たちじゃないよね。そりゃ不満は出て当然だよな。それに仕事を取れたら取れたで、「オレたちが仕事を取ってきてるんだ」っていう思い上がりも蔓延《まんえん》しちゃうだろうなあ。

V造　ご指摘どおりの空気です。

──ならもう、解決策がわかったのも同然じゃないの？　キミ自身のデザインの評価が高いことは自覚できてるんだから。

V造　はい。**現場に戻ればいい**んですよね。

──だね。で、キミはさあ、日本一の社長と日本一のデザイナーと、どっちになりたい？　答えはわかりきってるけどね。だから答えなくてもいいよ。

V造　ああ、本当にそういうことですね。自分の**アイデンティティの問題**ですよね。スッキリしました。僕、彼らに話しますよ。独立して舞い上がって、自分を見失っていたこと、そのせいでみんなに迷惑をかけたこと、そして、やり直したいから、悪いけどもうみんなを雇えないこと。全部、ちゃんと話します。

——うん。きっと社員の中には、キミのそんな言葉を待っている人もいると思うよ。もう一度よく考えて、**残ってもらいたい社員と、そうじゃない社員を分けてみてもいい**と思うね。そのへんは冷静に判断したほうがいいぞ。

V造　そうですね。そうしてみます。本当にありがとうございました。

——いやいや、なんのなんの。そういう道は誰でも通るものだからね。

V造　先生、さっきの質問の答えです。僕、世界一のデザイナーを目指します！

——よっしゃー。それがキミの人生の目標だ！　気合入れてけよー。

起業の絶対常識 20

合同会社って何？

出資者全員が有限責任（出資者の責任が出資額の範囲内ですむ）で、なおかつ意思決定法や利益分配法を自由に決められる新型の会社。会社法の施行後から設立が可能。欧米の同様形態の会社にちなんで日本版ＬＬＣ（Limited Liability Company）と呼ぶこともある。

例えば、ＡさんとＢさんが合同会社を設立するとする。ＡさんはＢさんの倍額を出資し、事業に必要な設備も提供した。だが、事業内容はＢさんの専門能力に負う。なので「両者の利益分配率に差をつけない」と決めることもできるわけだ。つまり合同会社は、異なる資源を持つ者同士が、納得づくで、安心して手を組むことができる会社形態といえる。

第三章

金銭トラブルに、寸止めの裏ワザあり!

金銭問題は立ち向かうが勝ち！
ピンチ脱出のハウツーを伝授。

●起業の裏ワザ その1

カネがなければ、タダの物を探せ！ 拾え！ もらえ！

開業のための お金の都合がつかず、独立は断念しようと思うんです（W壱）

☞おお、断念しろ！ ってコラコラ！

W壱　はい、すいません。申し訳ありません。

――あのねえ、ビビらなくていいから。それに、たかが金の都合がつかないくらいで、クヨクヨするなよ。昔から言うだろ。**金がなければ知恵を出せ**って。

W壱　まあ、そうですけど。でも、先立つものは何とかって言いますよね？

――金だろ？　その金を生み出すのも、反対に出ていくのを抑えるのも、ぜーんぶ知恵。知恵を捻《ひね》り出すのが独立の第一歩だ。だいたいねえ、ヘタに金なんか持ってるより、持ってないほうが、よっぽどいいスタートが切れるもんだよ。

W壱　うそっ？　そうなんですかあ？　そういうもんかなあ……。

――疑り深いなあ。じゃあ逆に聞くけど、何のアイデアもないのに、お金だけはある、そういう人がいるとして、で、その人、独立して成功できるわけ？

W壱　う～ん……。

――だろ。ところでキミは独立して何を始めるつもりなの？

W壱　世界がアッと驚くような……。

――おいおい、ずいぶんとデカく出たなあ（笑）。

W壱　目標は大きく持てって、前に先生が言ったんじゃないですか。

――あ、そっか。でも、話が大きいのと目標が大きいのとは違うぞ。

Ｗ壱　すいません。大げさなこと言って。独立は無理だって思い始めたら、どうもリアルに考えられなくなっちゃって。あ、でも本当は古着屋をやりたいんです。

――世界が驚く古着屋か。そりゃそれですごそうだな。とにかくやればいいよ。

Ｗ壱　だから、お金がないんですって。

――金をかけなければいいじゃんか。言ってるだろ。金の代わりに知恵だって。

Ｗ壱　でも、店の内装費なんか、けっこうな金額になるんですよ。

――内装？　壁も天井も古着で埋めつくせば、**内装なんかしなくていい**じゃん。

Ｗ壱　あ、そうですね。でも商品の仕入れ代金が必要じゃないですか。

――**委託販売なら仕入れ0円**だろ。もっとも、ただ古いだけじゃ魅力はないか。

Ｗ壱　そうなんですよ。自分としてはフランスあたりのカジュアルに絞ってそろえたいんですよねえ。まあ、欧米全般でもいいんですけど。どっちにしたって、買い付けにいく飛行機代すら厳しい状況ですからねえ。あ～あ。

――あのさ、そこまで金がないなら、もうちょっと貯金するとか何とかしてから独立を考えたほうがいいな。あ、でもまだ手はあるか。**もらえばいい**んだ。な！

Ｗ壱　もらうんですか!?　どうやって、もらうんですか？

――おいおい。それを考えるのがキミの仕事だろ。だから、知恵を絞れって。

W壱　はあ……。

——これはまあ、思いつきだから、実際のところ、うまくいくかどうかはわかんないけど、職業別の電話帳で古着屋を調べて、片っ端から電話してみなよ。そうしたら、いつかは宝の山に当たるかもしれないぜ。

W壱　同業者ですよね？　その人たちに電話するんですか？

——つまりね「閉店するから、商品全部あげるよ」って誰か言ってくれるかもね。

W壱　ええ!?　じゃあ「すいません。そちら、近々、ご閉店なさるご予定はおありですか？」って聞くんですか？　そんなの無理っすよー。

——違うよ。「僕も古着屋で独立したいのでいろいろ教えてください」って言うんだよ。そうしたら、話の流れで、そうなる時は、そうなるでしょ。

W壱　当たればデッカイですね。なるほどなー。で、他の方法は？

——うん、次の方法は……。おい、乗せるんじゃないよ。後は自分で考えろ！

W壱　は～い。でも、内装はいいとしても、陳列棚ぐらいは必要ですよねえ。

——**粗大ゴミ置き場から拾ってこい**よ。どうしても買うなら中古で十分。

W壱　ああ、そうか。でも、お店を借りるにはやっぱりお金がいりますよ。

——空き店舗活用制度とかチャレンジショップ（P158参照）とか、そういう開業支援制度をよく調べたの？　敷金不要ってところだってたくさんあるぞ。最悪、フリーマーケットから始めて、コツコツと金を貯めてもいいんだし。あ、そうそう。フリマ人脈はあなどれないぜ。海外モノを安く仕入れる方法を知ってる人がけっこういるからなあ。最近話をした人なんか、知り合いのスッチーに頼んで海外の品物をチョコチョコと買い集めてるって言ってたぜ。

W壱　おおっ、そんなやり方もあるんですね。さっすが〜。

——感心してちゃダメだよ。っていうか、結局、全部私に考えさせてるじゃないか。まあ、**人をうまく使うのも知恵のひとつ**だからいいけどね。とにかく事業の成功っていうのは、お金で手に入るもんじゃないんだよ。頭を使って、体も使って、それから必要なところにだけ金を使ってつかみ取るもんだ。金がないなら、なくても始められる事業内容や業態や設備や運営方法を考え抜けばいいんだよ。

W壱　そうですね。お話をお聞きしているうちに、確かに自分は金がないと始められないって決めつけたことがわかりました。大勘違いなんですね。

——うん。それにね、そうやって始めれば、将来、ピンチに立たされた時でも、何か**考えて手を打つことができる起業家になれる**と思うんだ。ところが手元に資金があって、それで必要なものをポンポン買って、簡単に始められちゃったら、どう？　後々、資金難に見舞われたら、もう瞬間的にバンザイだよな。

W壱　あ、そうなりますね。ホントそうだ。いやー、お話を聞いて良かったです。

――金がないからって、あきらめるのは論外。**金をかけなくていいところには、金をかけない。**これが、起業・独立の鉄則だ。わかったか。

W壱　ウッス。わかりました。独立断念は撤回します。あの手この手で店を開きますよ。あ、そうだ。こんなのどうですか？　世界中がアッと驚くほど金をかけないで開業した古着屋、なんて。イケてますよね？　僕、頑張ります！

――よーし、いいぞっ。起業家は、**金があってもなくても知恵を出せ！**

起業の絶対常識 21

NPO法人は資本金がいらないの？

NPO法人とは、98年12月に施行された特定非営利活動促進法（NPO法）に規定されている法人のこと。福祉や環境関連など、活動内容は、現在17分野となっている。

「非営利」という言葉から、「収入はダメ」「黒字はダメ」「給料はダメ」という誤解があるが、それらはすべてOK。何がダメかというと、収入から支出を差し引いた残金を、法人構成員で分配すること。設立時の資本金は不要だが、事業所得には会社などに対する法人税と同じルールが適用される（会費、寄付、補助金などは非課税）。それは、「経済的に自立したうえで、社会貢献を果たそう」という趣旨があるからだ。

●起業の裏ワザ その2

「アイミツ」を取れ！間違っても「即日融資」に手を出すな！

相談

開業資金として800万円をどこかで借りたいのですが……（S郎）

☞こりゃまた漠然とした話だなあ。

S郎　800万円っていう数字を具体的に出してますけど……。

――そういう問題じゃなくて。ま、どうせキミには誰も貸さないけどね。

S郎　返さないと思ってるんですか？　僕は絶対に返しますよ！

――じゃあ聞くけど、800万円を**どのくらいの期間で返すつもり**なの？

S郎　期間？　それは、その……。

――ほーら。返す見込みなんて立ってないじゃん。それで貸せって言うのか？

S郎　月々2万円ずつくらいなら返していけると思います。

――マジで答えてるのか、それ？　もし2万円だったら元金だけで33年以上かかるぜ。利子も入れたら何十年だ？　そんな話がまかり通るわけないだろ。普通に考えると利子が5％で、5年返済とすると、単純計算で840万÷60カ月だから、月々ちょうど14万円ずつは返すことになるね。厳密な計算じゃないけど。

S郎　ええっ!?　毎月そんなに返すんですか？

――当然だよ。ところでキミはどんな仕事で独立するつもりなの？

S郎　Web関係のシステム開発です。CGIなんかもやります。

――Web？　それで800万円も必要か？　ま、いいや。先に教えてほしいんだけど、**初年度の平均月商**と**毎月の支出の予測**はどんな感じなんだ？

S郎　平均すれば１００万円くらいで、支出は70万円以内のつもりです。

――その中に自分の給料は入ってる？

S郎　いや、最初は厳しいので、うまく残れば、それを給料に当てようかと。

――そんな状態で、どうやって毎月十何万円ものお金を返すっちゅーの？

S郎　うーん……。あ、だったらもっと家賃の安い事務所にすればいいんだ！

――いったいいくらの家賃を払うつもりなんだよ？　自宅で始めればいいじゃん。あのさ、念のために聞くけど、８００万円って、どこから出てきた数字？

S郎　自分なりに必要なものを書き出して、値段を調べて合計した数字です。

――今すぐ必要じゃないものとか、贅沢なものとかも入れてるだろ？

S郎　不備がないようにと。まずいですか？

――まずいに決まってるだろ。あと「**アイミツ**」は取った？

S郎　あんみつ？

――ア・イ・ミ・ツ。**複数の業者から見積もりを取ること**だよ。やったか？

S郎　いや、とくにはやってないです。

――重症だね。まあ、細かい資料を見てないから断言はできないが、おそらくキミの開業資金は半分以下になるよ。いや、もっと減らせそうだな。

S郎　それなら借りる額もずいぶん減りますね。
――あのさ、ずっと借りる借りるって言ってるけど、キミは貯金とかないの？
S郎　貯金ぐらい、ありますよ。
――あるの!?　だったら借りないでそれを使えばいいじゃないか。
S郎　でも、借りられるなら……。
――百歩譲って借りるのをよしとしても、実際、金融機関に行けばわかるけど、「自己資金はどれぐらいあるのか？」って聞かれるよ。おおよそ、**開業に必要な額の半分は持ってないと申請は通らない**と思うね。で、いくらあるの？
S郎　貯金ですよね？　たぶん100万円前後です。
――100万円か……。そのうち半分は生活資金に回す必要があるから、開業資金として使えるのは50万円。ということは、借りられるにしても100万円が限界だから、50万円＋100万円で、開業資金は150万円以内にしないとダメだね。だいたいひとりで開発をやるなら、それくらいで十分始められると思うよ。
S郎　確かに、自宅で始めればそのくらいかも。そうか、そんなんでいいのか。
――いいんだよ、それで。で、国民生活金融公庫なら年利は2％くらいだから、100万円を5年返済としても月々1万数千円。それくらいなら大丈夫かな。

S郎　そんなところから借りるんですか。

——どこから借りるつもりだったんだ？

S郎　えっ、まあ、銀行か親か、あと、雑誌に載ってるところとか……。

——最悪の答えだな。銀行は無理だよ。担保があってもキミには貸さないな。もっともカードローンなら借りられるけど、金利が高いからお勧めはできないね。

S郎　預金している銀行へ行けば貸してくれるんじゃないんですか？

——預かるのと貸し出すのとでは話は別だよ。それから親は、最後の頼みの綱に取っておきな。もっとも親から借りるにしても、ちゃんと返済計画を立てろよ。

S郎　めんどくさいっすね。

——起業するんだぜ。ラクなわけないだろ。それから、一番、重要な話だけど、**雑誌に広告を出している貸金業者はダメ。絶対にダメ**だからな！

S郎　そうなんですか。でも、審査なしですぐに貸すって書いてあるし……。

——だから、まずいんだよ。審査もしないで人に金を貸すなんて変だろ？

S郎　そう言われればそうですけど……。

——利息なんか何十％もするぞ。それで返せなくなって、またどこかから借りてくる。それを繰り返してるうちに借金が膨らんで、アッという間に地獄行きだ。

S郎　え～？　借金地獄なんて関係ないと思ってました。怖いっすね。
――怖いさ。とにかく、「無審査・即日融資」なんて話にはかかわらないこと。
S郎　わかりました。借りません。なんか僕、まるでわかってませんでしたよ。お金なんて、もっと簡単に借りられたり返したりできるもんだとばかり……。
――借り入れなんて、実力と信頼がついてから考えればいいよ。今は地道に、できる限りお金をかけないで始めることを考えような。いいな。
S郎　はい、そうします。節約します。おかげで目が覚めました。
――よーし、いいぞっ。**目標は大胆に、準備は細心に**って覚えておけ！

起業の絶対常識 22

インキュベーション施設って？

オフィスを探す場合、最初から一等地や新築ビルになどと見栄を張っても仕方がない。そこで注目したいのが「インキュベーション施設」。起業直後の人や小規模ビジネスを入居対象にしており、自治体などが運営するものもあれば、民間企業が運営するものもある。おおむね敷金などは一般と比べて割安で、中には家賃まで格安という物件もある。

1社に割り当てられるスペースはあまり広くなく、1人分のデスクが置ける程度から、大きくても10人ほどでいっぱいという規模が標準的。また、研究開発型ベンチャーのために実験スペースや実験装置を用意している施設も各地にある。

●起業の裏ワザ その3

開業資金だけが「必要資金」じゃない！運転資金を忘れるな！

独立から3カ月ですが、入金が遅れたりして早くも資金が足りません（A代）

そういう人、よくいるんだよね。

A代　ウチの会社だけじゃないんですか？

――うん、だから心配することないよ。ま、ゆっくり考えてみようよ。

A代　先生、そんな呑気《のんき》な状況じゃないんですけど。

――呑気でいいの。こういう話は焦るとかえって良くないんだ。だから遠回りみたいだけど、そもそも、なぜ、そういう事態になったのかだよ、まずは。

A代　理由ですか？　だからそれは売り上げが入ってこないからです。

――あなたは広告制作会社の社長だったよね？　代理店から入金がないの？

A代　はい。広告主と広告代理店との間でトラブルがあって、広告主から代理店への支払いが遅れているせいで、代理店からウチへの入金も遅れてるんです。一応、広告主から入金があり次第、ウチにも振り込んでくれるはずなんですが。

――それ間違いない？　何か根拠あるの？

A代　根拠って言われても……。でも、そうならないと本気で困ります。

――根拠がない話に期待を寄せててもしょうがないでしょ。

A代　どういうことですか？

――つまり、**請求書を出したからって、約束した日にお金が入ってくるとは限らない**でしょ。それが取引の常識だよね。ところがあなたは、そうなった際の備えを何もしていない。そもそも、それがまずいってことだよ。

A代　入金しないほうが悪いんじゃないですか？　なんで私が怒られなくっちゃならないんですか!?　私はどうすれば良かったんですか！

――まあ、落ち着きなさいって。あなたの言うとおり、悪いのは向こうだよ。つまり世の中にはそうやって約束を守らない悪いヤツがいるってことだ。だろ？

A代　ええ。

――そういう**危険性に備えるのが社長の仕事**だよ。物事が予定どおりに運んだ場合と、運ばなかった場合の、両方を想定して、どっちの結果が出ても何とかなるように手を打っておく。それが社長業だ。そうしておいたほうが安心でしょ。

A代　わかりますけど、そこまでしないとダメなんですか？

――しないですむならしなくていいけど、でも、現実に予定外が起きてるよね。最初にも言ったけど、この手の予定外は本当によくある話なんだよ。だけど、先輩たちは余裕を持って運転資金を用意しているから何とかなってるんだ。

A代　運転資金って、よくわからないんですけど……。

――運転資金というくらいだから、まあクルマのガソリン代みたいなもんだよ。つまり走り続けていくための費用だね。ちなみに新車を買う場合の費用は、設備資金ってことになるね。で、その運転資金を売り上げでまかなえればいいけど、今回のように入金が遅れる場合もあるし、最悪、払ってもらえないこともある。あるいは、そもそも、**取引先の支払いサイトが長い場合もある**しね。

A代　支払いサイトって、月末締めの翌月末払いだったら30日後とか？

――そうそう。そのタイムラグのこと。それが相手によっては45日後とか60日後とかの場合もあるだろ。で、今、あなたが言ったように、入金は30日後だとしよう。でも、社員には20日後に給料を支払う約束だとする。ということは、売り上げの回収では間に合わないから、別に資金を用意しておかないといけないよね。要するに事業をスムーズに運営するために必要なお金が運転資金ってことだ。

A代　その運転資金がないんです。事務所の家賃の支払いが迫ってるんです。

――あれ？　思い出したんだけど、前にあなたに会った時、「300万円の現金を用意して独立した」って言ってなかった？　そのお金はどうしちゃったの？

A代　それは開業の時にほとんど使っちゃいました。

――それが今回のピンチの根本的な理由だな。300万円全部使うなんて論外だよ。そもそも入金が遅れるどころか、仕事がなかったり、時間がかかって請求ができなかったりってこともあるわけだ。だから、独立当初から半年間程度は収入がなくても経費が払えて、生活にも困らないように一定額を残しておかないと。
A代　そんなこと考えてませんでした。すぐに収入があると思ってましたから。
――やれやれ。じゃあ、今後はお金が入ってきてもいい気にならないで、ちゃんと一定期間の支払いに当てられる金額を残しておくようにね。
A代　わかりました。でも先生、今が問題なんです。
――うん、そうだね。じゃあ先方に「払ってください」って頼めばいいよ。
A代　えっ？
――頼んでないんでしょ。待ってるだけでしょ。「それは困ります」ってガンガン言わなくちゃ。ピンチに備えるだけじゃなくて、**ピンチを乗り越えるのも社長の仕事**だよ。向こうが何を言ったって、払うものを払わない以上は向こうに非があるんだから、押しまくらないと。正攻法がダメなら泣き落としだっていいぞ。とにかく、頭を抱えているひまがあったら交渉だよ、交渉。社長は忙しいよ。
A代　私、社長業のこと、ちゃんと理解しないで始めてたんですね。
――まあ、でも、そんなもんだよ。最初はね。
A代　事務所の家賃は、いよいよになったら兄から借りようと思ってたんですけど、その前に代理店に言うほうが先なんですね。私、そういうの苦手だから……。

――いやいや、そんなことないと思うよ。さっき、私がちょっと突っ込んだら、すごい迫力で言い返してきたじゃん。内心ではビビってたからね、私（笑）。

A代　え〜。そんなに怒りましたか。必死だったんで、つい……。

――それでいいんだよ。必死にやればできるってことだ。まあ、そのうえで、どうしてもラチが明かないなら、「では、半額は今すぐに」って言ってみなよ。攻め込んでおいて、ちょっと譲歩してあげると物事は進みやすくなるからね。

A代　わかりました。やってみます。交渉します。私、社長ですもんね。

――よーし、いいぞっ。社長たる者、**譲歩はしても妥協はするな！**

起業の絶対常識 23

チャレンジショップって？

商店街などにある空き店舗や空き地を使い、新たに店舗開業を目指す人に、期間限定・格安料金で店舗スペースを貸し出すのが「チャレンジショップ」。ショップ開業希望者のための訓練施設といえるが、運営するのは、各地の自治体や商工会議所（商工会）、町づくりを目的に設立されたＴＭＯ会社など。空き店舗がある地域に必ずしも存在するわけではないが、多くの地域が出店者募集・運営を行っている。

訓練といっても、運営上はまったくの本番。入居期間は1年、短いと1カ月ということもあるが、販売不振になれば、赤字だけを残して時間切れということにもなりかねない。

●起業の裏ワザ その4

法人税法をなめるな！現金がなくても課税はされる！

相談

会社設立半年ですが、業績がいいので、自分の給料を上げようと思います（Z治）

☞調子に乗るんじゃないよ！

Z治　べつに調子に乗ってるワケじゃありませんよ。最初に売り上げを堅く読んで、給料を抑え気味にしておいただけですから。

――なるほど。でも、せっかく堅実な計画にしたんだから1年はガマンしろよ。

Z治　まあ、そうなんですけど、やっぱ給料は多く欲しいじゃないですか。

――そうやって、ちょっと調子がいいと、「使ってしまえ」で留保をしないから、調子が落ちた時に「金がない」って騒ぐことになるんだよなあ。

Z治　あのー、留保って何ですか？

――会社に残しておくこと。**投資と還元と留保。この3つのテーマで利益を分けていくのが経営者の仕事**だ。もっとも利益を出すこと自体が前提だけど。

Z治　投資、還元、留保……。

――そう。キミの会社は人材派遣業だよね。だったら、もっと宣伝をするとか、登録者関係のデータベースを良くするとか、事業発展のために投資する。それから、頑張った社員たちに特別賞与をあげたっていいよな。

Z治　投資と還元ですね。で、残りを何かのために取っておくわけか。

――そうそう。問題はその3つをどう按分《あんぶん》するか。それが判断のしどころだね。

Z治　それはわかったんですが、でも、投資した場合、10万円以上のモノなんかを買うと固定資産になって所得からは差し引けないんですよね？

――なぜ、そう部分的に詳しいんだ？　確かに現金がモノに変わっただけで資産価値は保持してるから、その分を課税所得からは差し引けない。よって納税額も下がらない。正解だよ。でもね、キミはもっと重要なことを知らないようだね。

Z治　えっ？　何なんですか？

――その前に、**会社が納める税金の基本を理解しておこう**。まず法人税。これはどんなに高くても30％だ。しかもキミの会社みたいに資本金が１億円以下なら、８００万円までの所得には22％しかかからない。仮にキミの会社が年間１０００万円の所得を出したとすると、まずは８００万円×22％で１７６万円。それから８００万円超の所得の２００万円に30％をかけて60万円。両方を足した２３６万円が法人税額だ。地方税は50万円弱。合計約２８６万円程度。もっとも自民党が税制改正で同族企業、要するに小さい会社のことだけど、それへの増税策を発表しているから、今後、もうちょっと上がるかな。もちろんまだ決定じゃないけど。

Z治　増税ですか。やだなあ……。まあでも、基本的な計算方法はわかりました。ちなみにその１０００万円を全部僕がもらうなんて、ダメ、ですよね？

――あったりまえだのクラッカー！

Z治　クラッカー？　何ですか、それ？

――わからなきゃいい。とにかく、キミはもらわないこと。そもそもさっきも言ったように、それじゃあ投資、還元、留保にならないから、経営者として失格だし、それにキミが1000万円を全部もらっても、結局キミの会社には300万円弱が課税されるよ。要するに、何の節税にもならないってことだ。

Z治　ウッソー。だって、1000万円はもう会社にないんですよ。

――使い方自体論外だが、会計上は、とにかく1000万円の支出だ。でもね、法人税法では、キミが取ったボーナスを損金とは見なさないんだよ。

Z治　損金？

――そう。法人税法で、収入から差し引いていいと定めた支出のこと。で、重要な知識っていうのは、**役員に支払った賞与は損金にできない**ルールがあることだ。

Z治　ということは、出したお金なのに、あるものと判断されて課税される？

――うまいこと言うねえ。そう思っていい。だから、仮に役員にボーナスを出したせいで会社のサイフがスッカラカンだとしても、納税はしなきゃダメ。

Z治　うへー。厳しいなあ。

――厳しいさ。まあ、あんまり期待してもらっても困るけど、役員への賞与を無条件で損金不算入にするのは、いかがなものかっていう論議も起きてはいる。でもとにかく現状では完璧にダメだからね。しかもここから先が大事な話だ。キミは、毎月の給料の額を上げたいんだよね？

Z治　ええ。でも、もう何となく、やめたほうがいいかもって気になってます。

――カシコイねえ（笑）。

Z治　話の展開くらいは読めますから。

――うん。実は**年度の途中で給料を上げると**、そのアップした分が賞与だと判断されて、**その分は損金不算入**になっちゃうんだよ。給料は今、いくら？

Z治　30万円ちょうどです。それを来月からは60万円にするつもりでした。

――ということは30万円アップ。それを6カ月分だから180万円。その額がキミの言うところの「出したのに、会社にある」と見られるお金だ。

Z治　全然、得じゃないですね。

――社長っていうのは、自分の給料やボーナスを自分で決められる立場にある。その特権でむちゃすることを戒めてるんだね。もちろん、賞与をもらうこと自体はかまわないが、それで法人税を節税することまではできないってことだ。

Z治　全然知りませんでした。昇給なんかやめます！

――節税効果がないからやめると考えるより、それは経営判断として適切じゃないからやめる。そういうふうに考えてほしいな。

Z治　そうですね。調子がいいんで浮かれてました。反省します。

――会社は今年1年だけじゃないよな。来年も再来年もその先もある。将来を考えてお金の使い方や残し方を決めることが大事だぞ。

Z治　だから、投資と還元と留保なんですね。会社の発展を考えれば、自然にそういうふうになりますよね。納得しました。長期展望を持って頑張ります。

――よーし、いいぞっ。**儲かって兜《かぶと》の緒《お》を締める**。それが経営者だ！

起業の絶対常識 24

仕入れ先はどう確保する？

物販店の場合は、自分が独立する分野の「常識」を理解したうえで、競争力のある商材を、必要な分だけ、どうコストをかけずに入手するかがポイント。海外から商材を仕入れるなら、商社を通したり、船便を使うより、自分で出かけて手荷物で持ち帰る。あるいは、頻繁に海外に出かける人に買い付けを頼むなど、少量・低コストの方法を考えよう。

飲食店の仕入れ先として一般的なのは卸売業者。選定基準は価格や店舗からの距離、配達サービスの有無などだが、大事なことは、自分が求める食材を安定的に供給してくれるかどうか。また、スーパーの特売品には卸売価格より安いものもあるのであなどれない。

●起業の裏ワザ その5

約束手形は受け取るな！銀行振り込みにとことんこだわれ！

得意先から「約束手形でいいよね」と言われて、OKしたのですが……（B哉）

☞アブラっこい話題だねー。

B哉　何がアブラっこいんですか？

——そんなこともわかんないくせに、なぜ、ＯＫしたんだよ？

B哉　だって、お客さんが言うことだし、わからないなんて言えないし……。

——**わからないことはわからないって言ったほうがいい**ぞ。もし、それで痛い目にでも遭《あ》ったらどうすんだよ？まあいいや。手形ね。いくらの手形？

B哉　えっ？　自分では買ったことがないので、値段まではちょっと……。

——マジボケか？　私が聞いたのは、いくらの支払いをしてもらう予定かってこと。あ、キミ、もしかして手形のイメージが全然ないんじゃないの？　観光地で売ってる、木製のおみやげ品をイメージしてない？　通行手形とか書いたやつ。

B哉　ま、まさかあ。それはないっすよ。でも、実物を見たことはないです。

——紙切れだよ。横長の。ちょうど、お札くらいの大きさの。で、表側に、何年何月何日に、どこどこの金融機関で、いくら払いますってことが書いてある。もちろん誰が払うかも書いてあるよ。

B哉　なるほど。だから「約束」って言葉が入ってるんですね。

——正解。**やや遠い将来、金を払うって約束の証《あかし》**だな。

B哉　やや遠い将来!?

——そうだよ。90日後とか、125日後とか、振り出した日から数えて、だいたいそれくらいの期日が設定してあるはずだ。

B哉　マジっすか？　じゃあ、受け取ってすぐにお金にはならないんですか？

——そりゃ、ならないさ。

B哉　勘弁してくださいよー。それじゃあ、支払いはどうするんですか？　そのお金で支払いをするつもりだったのに。銀行ですぐに換金できると思ってました。

——**小切手なら1、2日で金になる**けど、約束手形じゃ無理だな。で、いくら？

B哉　200万円です。社外の翻訳者たちへの支払いがあるんですよ。

——ああ、キミのところは翻訳会社だっけ？　手形は英語で何て言うんだ？

B哉　知りませんよ。手形って日本語自体、よく知らないんですから。

——うん、そうだよな。ビルって言うんだ。覚えておいてね。ま、それはともかくフリーの翻訳者への支払いが遅れたりしたら、まずいね。今後、仕事を受けてもらえなくなる危険もあるしな。とにかくお客さんに至急会って、**手形じゃなくて、振り込みにしてってって頼め**よ。でね、200万円全額が無理なら、せめて半分、あるいは、キミが近々、支払わなくちゃならない額だけでも払ってもらえよ。

B哉　はい……。でも、できるかなあ。

――ダメだったら、手形に**裏書《うらがき》をして支払いに当てる**方法もあるけど。でもまあ、細かい支払い先がたくさんあるんだよね。現実的じゃないな。

B哉　裏書って何ですか？

――文字どおり、手形の裏側に名前を書くところがあって、で、キミの名前を書いて、支払い先に渡す。その人が裏書すれば、また、誰かへの支払いにも使える。そうやって流通しないとお金の代わりにはならないでしょ。

B哉　へー。そんな世界があるんですね。

――あとは、キミの**取引銀行へ持ち込んで割引してもらう**しかないな。

B哉　割引？　どういう意味ですか？

――その手形を担保にお金を貸してもらうことをそう言うんだ。当然、割引料という名目で金利は取られるよ。もっとも、その手形の振出人に信用がないと銀行は断るだろうけどね。最近、大手企業の手形でも断られたって話を聞いたしな。

B哉　ちょっと、もう、理解できなくなってきました。

――そんな弱気なこと言ってたら、世間は渡っていけないぜ。だいたい、手形なんて不渡りにならんとも限らんしな。

B哉　不渡りって言葉は聞いたことあります。ヤバいんですよね？

——倒産とセットの用語だからね。**不渡りってのは、約束の期日に手形を銀行に持ち込んでも、現金にならないこと**だ。つまり、振出人がその日までに口座に決済資金を入れられなかったってことだね。要は先方に金がないってことだ。

B哉　……（ぼう然）。

——手形を受け取るってのは、そういうリスクを覚悟することだよ。ちなみに、振出人が不渡りを出して、さらにもう一回不渡りを出したら、銀行との取引は停止。つまり倒産だ。そうなれば、キミは立派な２００万円の債権者だ。ははは。

B哉　助けてくださいよー。

——何もその手形が不渡りになるわけじゃないし。お客さんの業績はどうなの？

B哉　それがあんまり良くないってウワサです。それで、よくわからないんですけど、手形はジャンプするかもって、先方に言われてるんですが……。

——……最悪だ。シャレにならん。

B哉　な、何ですか？　ジャンプって？

——支払い期日に払わないで、**支払い期日を延長するのがジャンプ**だよ。日付を修正するか、もっと先の日付を書いた新しい手形と交換するか、そういうことだ。どうもその会社、まともに支払いをできる状態じゃなさそうだな。

B哉　信じられない……。そんなこと……。

——約束手形を受け取るのは、相手が信頼できて、資金に余裕がある時だけだ。

B哉　はい。わかりました。手形はやっぱり困るってハッキリ言います。

——そうだ。もう一度言うけど、すぐに客にかけあって、少しでもいいから現金か銀行振り込みにしてもらえよ。早ければ、先方もまだ融通できる現金を持ってる可能性が高いしね。遅くなるほど向こうも苦しくなってくるはずだから。

B哉　はい、頑張ります!!

——よーし、いいぞっ。**回収は「ニッコリ笑って素早く確実に」**が鉄則だ！

起業の絶対常識 25

個人事業主の青色申告と白色申告の違いは？

青色申告の場合、一定の要件を満たした帳簿を備え、記録し、保存する義務があるが、白色申告は、年間の所得合計が３００万円以下なら記帳義務が発生しない。その分、青色申告には以下の特典がある。①青色申告特別控除／複式簿記の決算書を添付して期限内に書類を提出した場合、65万円が控除される。②専従者給与の必要経費全額算入。③純損失の繰り越しと繰り戻し／赤字が出たら翌年以降3年間にわたって各年の黒字と相殺できる。前年が黒字であれば当年の赤字を繰り戻し、前年の所得税の還付ができる。④貸倒引当金の設定／売掛金などの貸倒れに備え、一定の割合で算出した引当金を必要経費にできる。

●起業の裏ワザ その6

会社法施行は弱肉強食の始まり。過小資本はピンチのもと！

相談

商法改正で株式会社の最低資本金がなくなるんですよね？（H美）

そうだよ。恐ろしい話だよな。

H美　恐ろしい？　いい話じゃないんですか？　だって、今までなら特例制度を利用しない限り、株式会社をつくるのには1000万円以上、有限会社でも300万円以上の資本金が必要でしたよね。今後、新しい法律……、ええと……。

――**会社法**のことだね。

H美　あ、そうです。会社法が施行されたら、もう資本金は何円でもいいんですよね。だったら、誰もが会社をつくりやすくなっていいと思うんですけど。

――うん。それはそうだけど、あなたが言ったように、誰でも会社をつくれるってことは、能力もお金もない人でも会社を設立できるってことだよね。

H美　ええ、確かに。でも、それがどうして恐ろしい話なんですか？

――答える前に聞くけど、あなたは**最低資本金規制の特例制度**（P120参照）で株式会社を設立したよね。でさ、なぜ個人事業じゃなくて株式会社にしたわけ？

H美　個人より法人のほうが信用があるじゃないですか。常識ですよね。有限会社にしないで株式会社にしたのも同じ理由ですけど。

――なるほど。じゃあ、なぜ有限会社より株式会社のほうが信用があるわけ？

H美　資本金の額が違うからです。わざわざ答えることなのかしら……。

――そうかそうか。そうだよね。やっぱり会社の格が違うんだよね。

H美　ええ。実際、サロンの物件を契約した時も、オーナーさんは、「株式会社ですか。それは立派ですね」っておっしゃってましたよ。

——だったら株式会社の資本金は今までどおり1000万円以上がいいよね。会社法施行で誰もが株式会社をつくるようになっちゃったら、そのオーナーさんみたいに、「株式会社だから立派だ」なんて言う人もいなくなっちゃうもんな……。

H美　あ……。

——わかった？

H美　少し。

——要するに、**法人格のハッタリが通用しない世の中になる**ってことだ。回りくどい説明をしてゴメン。実感してほしかったんだよ。今までは、やってる事業が大したことはなくても、「株式会社です」で通用する場面もあったけど、これからはそうはいかないよ。どんな価値のある事業をやっているのか、いくら利益を上げているのか、つまりは実質で信用されるかどうかが決まる時代ってことだ。

H美　ああ、だから恐ろしいことになるんですね。もろ実力主義……。

——そうそう。今までは「発注先は株式会社に限定します」なんて言ってた企業なんかも、もう、そんなの意味ないじゃんって気づくだろうしね。

H美　最低資本金って、壁だとばかり思ってたんですけど、見方を変えれば、小さな会社を保護する側面もあったんですね。厳しい時代が来るんですねえ。

――まあ、あと数年は、世間も古いイメージを引っ張るだろうけど、時間の問題だね。世の中って、変わる時は変わるもんだよ。法律が変われば、それにつられて常識も変わる。そういう**変化を見越すのが起業家の力量**ってもんだな。

H美　悔しいなあ。私、まだまだなんですね。

――まあ、悔しさをバネにして頑張れ。それはそうと、何か相談があるんだろ？

H美　はい。さっき先生が言われたとおり、私は特例で1円会社をつくりました。で、今度、2軒目のヒーリングサロンを出す計画があるんですが、さすがに資本金1円では融資も受けられなくて……。それで私個人が会社に貸しているお金を返してもらわずに、それを資本金に充当しようかと考えているんです。

――いいじゃない。そうしなよ。

H美　ええ。それでご相談したいのは、最終的に資本金をいくらにするのがいいのかなんです。貸し付けを全額するのがいいのか、一部でいいのか……。

――なーに言ってんだよ。キミの会社は1000万円以上しないとダメだろ。

H美　でも会社法で、資本金の額は問わないことになったんですよね？

——それは施行後に設立する会社の話だよ。新しい法律がどうだろうと、キミの会社の定款《ていかん》には、「設立から5年以内に資本金を1000万円以上にしない時、あるいは有限会社か合資会社、合名会社に組織変更をしない時は解散する」って書いてあるだろ。いわゆる1円会社の定款には、必ずそれが書いてあるはずだよ。**定款っていうのは会社の憲法**みたいなもんだから、それは守らないとダメだね。

H美　ええ？　じゃあ、会社法って、私には何のメリットもないんですか？

——いいじゃないか。資本金を1000万円にでも2000万円にでも増資していけば。サロンを多店舗展開するなら、それくらいあっても困らないだろ。

H美　でも……。

——言ったでしょ。価値ある事業をしないと通用しない時代だって。だから資本金の額は、その事業に必要な額にすればいい。10万円で足りる事業なら10万円。1億円必要なら1億円。法律の規制うんぬんじゃなくて、**自分の事業の必要性から適切な資本金を割り出す**こと。手間だけど、それが求められる時代なんだよ。

H美　はい。趣旨は段々わかってきました。でも、10万円でいい事業なら、っておっしゃられましたが、私の会社はそれではダメなんですよね。定款のせいで。

——うん。でも、定款からさっきの「解散する」うんぬんの一文を削除しちゃえばいいんだ。法務局に定款変更の申請をする時、3万円かかっちゃうけど。

H美　やだ〜もう。先にそれを言ってくださいよー。じゃあ**定款を変更**すれば、私の会社は1000万円以上に**増資しなくていい**んですね。いいんですよね？

——もちろんだ。だけどわかってるよね？

H美　はい。ちゃんと今後の計画と合わせて適正な資本の額を計算してみます。

——そういう作業に取り組むことで、経営者としての力がついていくからね。

H美　わかりました。私ってまだヒヨッコなんですね。初心に戻って頑張ります。

——よーし、いいぞっ。**その謙虚な心構えこそが真の資本だ！**

起業の絶対常識 26

個人事業主の必要経費にはどんなものがある？

収入を得ることを目的に、直接・間接に要した費用が必要経費。詳細は業種によって異なるが、同一生計の家族へ支払った給与や家賃、利息などは原則不可。家事のための費用や衣食住の費用、教育費など、また、所得税、住民税、贈与税、相続税などの支出、交通反則金、税金の延滞税や加算税、住宅ローンの利子などもダメ。なお、自宅を一部事業用に使っている場合は按分《あんぶん》計算で、賃借料、水道光熱費など、一部が必要経費に認められる。

領収書を受け取る時は、「上様」ではなく、氏名や屋号を書いてもらうのが原則。領収書がない交通費や慶弔金などは、メモ用紙か出金伝票に明細を記載しておこう。

●起業の裏ワザ その7

必要経費の水増しは立派な犯罪！ 税金は還付申告で取り戻せ！

確定申告の際は、何でも必要経費に計上したほうが得だと聞いたんですが（I太）

☞おいおい、懲役食らいたいのか？

Ｉ太　懲役って刑務所に行く懲役ですか？

――当たり前だろ。温泉やゴルフ場に行く懲役があるか？　言っとくけど、何でもかんでも必要経費にして申告したら、「お縄ちょうだい」になっちゃうよ。

Ｉ太　そんなバカなあ（笑）。

――納税を甘く見ると、仕事どころか、人生そのものまでヤバくなるんだぞ。

Ｉ太　本当ですか？

――本当だよ。たまにワイドショーなんかで、経費を水増しして逮捕された有名人のニュースとかやってるだろ。見たことないかなあ、そういうの？

Ｉ太　ああ、それは記憶にありますが、その話と僕の話は同じなんですか？

――同じだよ。仕事で収入を得るために、本当に使ったお金だけが必要経費だから、実際に使ってない支出とか、使っていても仕事とは関係ない支出なんかを必要経費にしたら、立派な脱税だよ。脱税は犯罪だからね。

Ｉ太　必要経費を膨らませると得だって、イラストレーターの先輩から聞いたんですが、じゃあそれが脱税なんですか？

――だから脱税だって言ってるだろ。税額を減らすのと、税額をごまかすのとは話が別。**節税と脱税は違う**。で、**不正な経費の計上は完璧な脱税**なんだよ。

I太　はあ……。

——わかんないかなあ。例えば、キミが1万円得したと言っても、それが人からもらったものか、人から盗んだものかでは、まるで意味が違うだろ？

I太　そりゃそうですけど、泥棒と税金対策の話は関係ないんじゃないですか？

——何が税金対策だよ。知ったようなこと言っちゃって。独立する前、つまり、会社勤めの時は、税金処理を会社にやってもらってたからピンとこないんだろうねえ。言っとくけど、**税務署は国家権力**だぜ。**しかも署員は税金のプロ**。独立したってことは、そんなすごい相手とキミとが、直接向かい合うってことだ。その相手に対してウソをついて、税金をごまかす勇気があるなら、ま、どうぞ。

I太　ちょ、ちょっと待ってくださいよ。先生のおっしゃるとおり、僕、全然、わかってないんですよ、税金のこと。すいませんでした。

——あのねえ、ちゃんと税金のことを勉強して、正しく取り組めば、**節税の方法なんていくらでもある**んだよ。なのに勉強をサボって、安易な脱税で納税額を引き下げようとするド素人のフリーランサーが多すぎるんだよな。

I太　すいませんです。

——キミの先輩だって、必要経費を水増しして、うまくやったつもりかもしれないけど、必ず税務署員が来て徹底的に調べるから、すぐにバレるぞ。
一太　バレますか？
――バレるって。実際より打ち合わせに出かけた回数を多くして交通費を水増しする。個人的な飲食代を交際費にしたり会議費にしたりする。個人的に買ったものを、イラストの資料だとかモチーフだとか言い張る。そんな感じだろ？
一太　当たってる。完璧に読まれてる……。
――素人が思いつく水増し方法なんか、バレバレなんだよ。税務署はね、業種別の必要経費の傾向をバッチリ研究してるから、絶対にごまかせないよ。
一太　バレたらどうなるんですか？
――当然、不足の税金は納める。しかも、納めるべき時に納めてなかったんだから、延滞税ってのもかかる。さらに加算税という一種の罰金もかかる。出費も相当きついが、悪事がいつ発覚するかとおびえ続けるのは、精神的にもきついぜ。
一太　そんなシビアな話だったんですね。
――で、最初に言ったみたいに、あんまり**あくどい脱税をすると、所得税法違反**で訴えられて、有罪判決で懲役だよ。
一太　こわ～～。もし、悪意はないのに、間違って必要経費を多くしたら……。

――問題があれば申告のやり直し。当然、責任は取らされる。もっとも、そもそも間違えるなよって言いたいね。

Ｉ太　でも、初心者ですよ、僕。

――納税に初心者もベテランもないいんだよ。だから勉強しろって言ってるだろ。それからちゃんと**税理士さんに相談しろよ**。顧問の税理士さんがいるだろ？

Ｉ太　いやまだ、それは……。

――なんだ、税理士がいないのか？　そりゃまずいな。いいか、先輩たちに聞いて、評判のいい人を紹介してもらえ。私が紹介してもいいし。とにかく、ズルの仕方を教えるような人は論外。出無精も対象外。最低でも月に2回、百歩譲っても月に1回はキミのところに来て相談に乗ってくれる人がいいぞ。

Ｉ太　わかりました。至急探してお願いしてみます。

――うん。とにかく確定申告の前までには税理士を決めて相談に乗ってもらうこと。毎年、3月15日が申告期限だからね。おっと、待てよ。キミはイラストレーターだったね。ってことは、源泉徴収をされてるんじゃないの？

Ｉ太　はい。ギャラを振り込まれる時に10％引かれています。

――なら**還付申告だ**。**確定申告すれば、納めすぎた税金が戻ってくる**ぞ。

I太　先輩からもそう聞いてます。ちょっと嬉《うれ》しいなあ。

——還付申告の場合は申告期限以降でも受け付けてくれるから、ちゃんと勉強して、税理士さんともよく相談して、間違いのない申告をすることだね。

I太　はい、ちゃんとやります。

——よし。いいか、知恵や労力は、税金をごまかすために使うより、仕事を増やしたり、仕事の質を上げたりするために使ったほうが結局得だぞ。わかったな。

I太　わかりました。いいイラストをバンバン描きまくります！

——よーし、いいぞっ。クリエイターは**本業に集中してナンボだ！**

起業の絶対常識 27

個人事業主の源泉徴収って？

会社員として給料をもらう場合、毎月の給料から税金が天引きされる「源泉徴収」があるが、報酬を受け取るかたちで生計を立てる個人事業主も、おおむね収入の10%が源泉徴収される。だが、源泉徴収の段階では、必要経費も所得控除も無視されている。つまり、源泉徴収による納税額は、明らかに多すぎるということ。黙っていれば、このまま国庫に入ってしまうが、納めすぎた税金は確定申告をすることで還付される。確定申告は毎年、2月16日から3月15日までの間に行うものだが、還付申告は1月から可能。急がない場合は、3月16日以降でも受け付けてくれるが、早く申告すれば還付金も早く戻ってくる。

●起業の裏ワザ その8

保証人になる前に、「無担保・無保証人」の制度利用を進言せよ！

昔の職場の先輩から、借り入れするので保証人になってくれと頼まれたんです（R人）

重たい話だなあ……。

R人　やっぱりそうですよね。

——まあ簡単な話じゃないよな。ところで、ひとつ確認しておきたいんだけど、キミが先輩から依頼されたのは保証人？　それとも連帯保証人？

R人　先輩は保証人って言ってたと思うんですが、それって何か違うんですか？

——うん。ちょっと長いけど大事なことだから、耳の穴かっぽじってよく聞けよ。

R人　耳の穴、かっぽじる？

——今時言わないか。とにかく聞け。保証人ってのは、実際に借りた人が返せない時に、**返せなかった分を限度に支払いをすればいい**ってことだ。次に**連帯保証人。こっちは借りた人と同じ立場になる**。つまり、貸した側は、先輩でも、キミでも、好きなほうに借金の返済を迫れるわけだ。ただの保証人なら「請求は先輩にどうぞ」って言えるけど、連帯保証人は、そういう要求すら認められないんだ。

R人　連帯っていうよりも、それ一心同体みたいですね。

——一心同体保証人か。うん、まさにそのとおりだね。

R人　ということは、例えば先輩が本当はお金を持っているのに返さなかったりした時、僕のほうに矛先《ほこさき》が……。

——向いてくるだろうね。先輩の押し入れの中なんか探し回すよりも、キミの自慢のドイツ車を押さえちまうほうが早いからねえ(笑)。

Ｒ人　ちくしょー。先輩、オレをだましたんだ。連帯保証人なんて言わなかった。

――まだどっちかわからないよ。それにキミが知らなかったように、先輩もちゃんと区別ができてないかもしれないし。で、実際、どこで、いくら借りるの？

Ｒ人　地元の信用金庫から２５０万円借りたいって言ってました。

――なるほど。無担保だろうし、要保証人なら、まず連帯保証人だろうな。

Ｒ人　ヤバいなあ。先輩、大丈夫なのかなあ。

――怖いなら勘弁してもらえばいいよ。

Ｒ人　もう、引き受けますって言っちゃったんです。

――そういう返事をする前に相談しろよ。じゃあ**書類に署名と捺印《なついん》**もしたのか？

Ｒ人　いいえ。それはまだです。

――なら間に合う。

Ｒ人　やっぱり断るべきですよね？

――それはキミ自身が考えて決めることだ。よく、「連帯保証人には、何が何でもなるべきじゃない」っていう人もいるけど、じゃあ、もし、キミが借金をしたくなった時、誰にそれを頼むわけだ？

R人　確かに……。

——実際、連帯保証人は、というか、ただの保証人でさえ、すごいリスクはある。それは事実だ。そこで判断は3つに分かれる。第一は、先輩から何と言われようと断る。第二は、恐ろしい結果に目をつぶって判を押す。第三は、**リスクを回避しながら、先輩のニーズを満たすアイデアを考えてみる**。

R人　その第三が、何となくいい感じがします。

——よし。ところで先輩はなぜ250万円必要なんだ？

R人　先輩は独立したばかりで、売り上げの回収が遅れてるって言ってました。

——理由はわかるけど、250万円っていう金額の根拠は？

R人　それはちょっとわかりません。

——おい！　なぜその金額が必要なのか、それくらい質問するのは常識だろ。

R人　すみません。

——よくよく聞けば100万円台で足りるかもしれないよ。お金を借りようと思う人は、**どうせ借りるなら多めにって考えがち**だからね。

R人　なるほど。自分が借りるとしても、そう考えるかもなあ。

——でね、何が何でも断りますって言ったら人間関係が壊れるよね。だから、保証人はいやだけど、問題解決のために一緒に頑張りますっていう姿勢が大切じゃないかな。それが人付き合いってもんだろ。ところでその先輩、家族はいるの？

R人　います。奥さんとお子さんが3人。

――それなら生命保険に入ってると思うんだけど、毎月積み立てた額を担保にして借り入れすることもできるんだよ。その方法なら保証人は不要だから。

R人　へーっ。保証人がいらない借金もあるんですねえ。

――**国民生活金融公庫にも無保証人の融資制度がある**よ。先輩は独立したばかりだよな。なら新創業融資制度が使えるな。これは最高750万円まで融資してくれる。あとは商工会議所や商工会の推薦を受けて借り入れる経営改善貸付ってのもある。こっちも無担保・無保証人で550万円までいけるよ。

R人　へぇーへぇーへぇ〜。そんなのがあるんですね。知らなかったー。

――まずはそのへんを勧めてみろよ。で、もしキミが保証した場合は、ちゃんと返済するかどうか、監視を怠らないことだ。疑っているように思われるのはイヤかもしれないけど、返済状況は預金通帳に出るわけだから、そのコピーを毎月とか、2カ月に1度とか、キミのところにファクスしてもらう。保証人も手を抜かないことが大事だね。放置しておいて、後で泣くなんて愚《ぐ》の骨頂《こっちょう》だぜ。

Ｒ人　確かに大事なことですね。保証人になるならそこまですべきですね。

――あとは、キミ自身が借金しなければ返せないような金額の保証だけは間違ってもしないこと。これは絶対条件だぜ。

Ｒ人　はい。「あーあ、貯金が減ったなあ」くらいですむ範囲ってことですね。

――そうそう。

Ｒ人　でもまずは、先輩が借りないでいい方法を一緒に考えてみます。あとは無保証人の制度を勧めてみることですね。わかりました。頑張ります！

――よーし、いいぞっ。**情にほだされずに、本当の友情を発揮しろ！**

起業の絶対常識 28

会社が納める税金にはどんなものがある？

法人税、消費税、法人住民税（都道府県民税、市町村民税）、事業税などがある。「法人税」は、事業年度末の翌日から2カ月以内に税務署に申告・納税を。また、事業年度末より6カ月を経た翌日から2カ月以内に中間申告・納税も必要。「消費税」は、資本金1000万円以上の会社は初年度から、1000万円未満の会社は3年度から納税義務が生じる。ただし、前々年度の課税売上高が1000万円以下の場合はいずれも納税義務はない。「法人税」をもとに「法人住民税」と「事業税」が算出されるが、法人住民税には均等割があるため、所得がなくても一定程度の税金はかかってしまう。

●起業の裏ワザ その9

従業員になめられたら経営者失格！アメとムチを使い分けよ！

社員が現金を持ち逃げしました。悪夢です。もう完璧、人間不信です（K次）

☞その程度でうろたえるな！

K次　その程度って……持ち逃げですよ。刑事事件っすよ。僕は被害者っすよ。

――だったら、こんなところで騒いでないで、警察に届けろよ。

K次　あ、まあ、それはそうですが……。

――要は返してもらえればいいのか？

K次　謝罪もきっちりしてほしいですが。

――そうだな。とにかくあわてるなって。起業すると、「ウソ？」って思うようなことは、いくらでも起きるもんだから。

K次　でも、まさか持ち逃げなんて……。

――その**「まさか」が我が身に降りかかってくるのが経営者**なんだ。何も問題が起きなければ、そりゃラクだが、現実はそう甘くない。だから「まさか」にぶつかって、それを乗り越えて強くなるしか経営者には道がない。自覚しておけよ。

K次　はあ。でも実際、どうすれば……。

――じゃあ、そもそも、どういう状況で事件が起きたのかを話してみてよ。

K次　ウチは中古車を売買してます。持ち逃げしたヤツは社員で、っていっても、僕とそいつとバイトの３人だけですけど。で、先週、売り物が出たんで、ヤツを銀行に行かせて70万円おろさせたんです。僕は外出してたんで、そのままそいつに持たせておきました。で、会社に戻ったら、もういなくて。それっきりです。

――何だか間抜けな話だなあ。ま、いいや。それで連絡は取れてるのか？

Ｋ次　はい、やっと昨日。金のことを聞いたら、「彼女や友人たちと豪遊しちゃって、もうほとんど残ってない」と……。

――若いのか、そいつ？

Ｋ次　21歳だったと思います。

――前に問題を起こしたことは？

Ｋ次　多少は。酔っぱらってケンカとか。

――何でそんなのを雇ってんだよ？

Ｋ次　すっごくクルマに強いんですよ。

――クルマのプロのキミがそう言うなら、相当なもんなんだな。

Ｋ次　ええ。でも雇って失敗でした。

――それは違うな。**雇ったのが失敗なんじゃなくて、やらせる仕事を間違ったんだと思うよ。**少なくとも、仕入れのための現金を扱うのはキミの仕事だろ？

Ｋ次　もちろん普段はそうしてます。ただ、その日は外出する用事があって。

――ＡＴＭでおろせるだろうが。

K次　それがカードを忘れてきちゃって。だからヤツに通帳を渡して窓口へ……。
——キミがだらしなさすぎる‼
K次　申し訳ありません。
——そのせいで70万円を失って、おまけに犯罪者を生み出すことになったんだぜ。
K次　でも、まさか、こうなるとは……。
——もういいって。ただ、これだけは言っておくけど、もちろん法的にも道徳的にも、持ち逃げした若造が悪いが、経営的には100％キミが悪いからね。それは忘れないでほしいな。自分の会社で起きた問題は、すべて経営者の責任だ。その70万円、もし取り返せないようなら、キミが償うくらいの気持ちが必要だよ。
K次　彼を信用しすぎたのがミスだったんでしょうか？
——違うね。キミが**リスクということに無頓着《むとんちゃく》**なんだよ。もし、持ち逃げじゃなくて、そいつがおろした70万円を盗まれたらどうする？　落としたら？
K次　ええと、それは……。
——な、キミは大事な買い付け資金にもかかわらず、何も考えてないだろ。そういうのは信用じゃなくて、ナアナアって言うんだ。
K次　確かに弟みたいな感覚になってて、社員という意識が薄れてました。

——家族的なノリ自体は悪くないよ。だからこそ、**業務分担と責任分担をきっちりしておく**べきなんだ。そうしておけば、あとは楽しくやれるんだから。

K次　ケジメというか、線引きが甘かったですね。少し問題がわかってきました。

——そのへんの反省はきっちりしておけよ。そのうえで70万円は絶対取り戻せ。

K次　どうやればいいんでしょうか？

——幸い本人が逃げてないんで、1万円でもいいから、すぐに返させることだ。

K次　1万円？　そんなちょっとですか？

——額の多寡《たか》じゃないんだ。返すって行為を実行させることが大事なんだよ。

K次　ははあ、なるほどですねえ。

——ただし、返済をしぶるなら、温情は捨てて警察に届けること。弁護士に頼んで訴えてもいい。話をする時、そういう覚悟だってことは伝えておけよ。「どうせ社長はあきらめてくれるだろう」なんて思われたらアウトだからな。

K次　はあ、やってみます。

——もっと根性入れろよ。そんな調子だから持ち逃げされるんだ。「オレの事業だ。**オレの会社だ。オレが守ってみせる**」くらいの気迫がなくてどうするんだ！

K次　ですね。そうですよね。もっとビシっとします。

――ビビらせるだけじゃなくて、ていねいに説得もすること。こんな事件で前科者になったら、せっかくの自動車販売の才能がもったいないって言ってやれ。

K次　実際そうですよね。わかりました。やってみます。

――**アメとムチ、両方を使え**よ。って口で言うほど簡単じゃないけど、難しいことに挑戦するから、経営者は鍛えられるんだ。さっきも言ったけど、そういう修《しゅ》羅場《らば》をくぐって強くなっていくんだ。これはキミにとってもいい試練だぞ。

K次　そうか、それが僕の選んだ道ですね。よし、頑張ります。やってみます！

――よーし、いいぞっ。**なめられたらおしまいだ**。根性見せろよ！

起業の絶対常識 29

事業所を開設したら加入する保険って？

原則的に5日以内に加入しなければならないのが「社会保険」。①健康保険、②介護保険、③厚生年金の3種類あり、個人事業の形態であっても、従業員5人以上を雇い入れれば手続きが必要となる。必要書類の提出先は社会保険事務所。

また、従業員を採用した時、10日以内に手続きをするのが「労働保険」。①労災保険、②雇用保険の2種類だが、①は労働基準監督署、②は公共職業安定所（ハローワーク）と、提出先が異なる。ただし、雇用保険の加入手続きに際しては、労働基準監督署の受付印が必要になるため、先に労働基準監督署、その後で公共職業安定所という順番で手続きしよう。

●起業の裏ワザ その10

起業の道は山あり谷あり。「気力」と「支援」で危機を脱出せよ！

得意先が倒産して代金が回収できず、僕の会社も、ギブアップです（Ｐ輔）

☞弱音を吐くんじゃない！

P輔　でも、もう、どうにもダメです。外注への支払いも家賃も、それに機器類のリース代も電話代も、あとほかにもいろいろな支払いや返済関係も、全部その会社からの入金でまかなうつもりだったんです。ああ、やっぱりもうだめだ……。

――落ち着け。最初に言っておくが、ここからが経営者の仕事だぞ。事業っていうのはね、**約束どおり、常識どおり、予想どおり、希望どおりにはいかない**ものなんだよ。いいか。これは特別な事態じゃないぞ。とにかく状況を話してくれ。

P輔　はい。相手はエステティックの会社で、パンフレットとチラシと、あとポスターを納品して、約400万円の売掛金があったんです。

――キミは印刷関係だったね。印刷物を返してもらっても……無駄だよな。

P輔　もちろん一銭の価値もありません。紙クズですよ。だから、代わりに何かないのかと思って先方の事務所を訪ねたら、全部消えてました。あ、でもエステの会社の社長とは連絡が取れてます。

――じゃあ社長に聞いたか？　いろいろなものを処分したのは誰かって？

P輔　いや、それは聞いていません。

――じゃあさ、先方は破産の申し立てをする気かどうかはわかる？

P輔　わかりません。あ、でも、僕が行った時、観葉植物のレンタル会社の人も来ていて、再建はないだろうって言ってましたけど。

――そうか。まあ想像だが、当然、金融機関からの借り入れがあるだろうから、すでに社長と銀行とで、今後のことを話し合っているとは思うね。

P輔　それで、どうなるんでしょう？

――再建のセンがないなら、破産か私的整理だね。とにかく聞いてみろよ。

P輔　はい。ところで先方が破産になると、どうなっちゃうんですか？

――裁判所と破産管財人が、その会社の資産を管理して、それらを各債権者に平等に可能な限り分配してくれる。ということになっているけど、**良くても債権の1割か2割**。それに、**分配されるまでには相当な時間がかかる**と思うよ。

P輔　そうなんですか……。私的整理っていうのは、どうなんですか？

――債権者が少なければ私的、つまり自主的に整理する、ということもあるだろうけど、関係者が多いと調整が難しいから、やっぱり破産申し立てになるだろうなあ。そうそう、本社が空っぽって言ってたけど、もし、先方が急に処分したんなら、破産させれば、破産管財人が取り返してくれる場合もある。が、先方が処分したんじゃなくて、別の債権者が持ち去った場合も考えられるよね。

P輔　しまった～。出遅れたか……。

――いや。誰かが持っていったんなら、返還を請求する権利もあるんだよ。

P輔　良かった。でもやっぱり回収の見通しはきついっすね。やっぱダメだ。

――意気消沈してる場合じゃないって。回収と並行して、キミが支払うべき相手に早く事情を話して、支払いを待ってもらう、いや、待てと言うと不安だろうから、分割払いにさせてもらうとか、そのへんの交渉をどんどん始めないと。

P輔　はい……。

――あと、国民生活金融公庫へ行って**倒産対策資金の利用を申請**してくること。

P輔　国民生活金融公庫なら、前に運転資金を借りたことがあります。

――そりゃいい。実績があると話が早いからね。あと、倒産防は？

P輔　トーセンボ？

――トウサンボウ。**中小企業倒産防止共済制度**（P203参照）のことだ。これに入ってれば、無担保・無保証人・無利子で掛け金の10倍までは貸してもらえるが、その調子じゃ加入してないね。今後のこともあるから、加入したほうがいいよ。

P輔　わかりました。

――やった仕事の代金はもちろん回収したいところだが、現実には難しい場合もある。ただ、回収はできなくても、キミのほうで資金繰りを何とかしていけば、いつか、その分を埋めるくらいの利益を出すチャンスもあるわけだ。

P輔　そうですよね。

――しかし今回はキミもウカツだったな。そんな相手の仕事を受けるなんて。

P輔　ええ。紹介だったんで、相手の状態を全然気にしていませんでした。

――仕事をすれば無条件に利益になると思い込んでるからだよ。仕事をしたせいで、反対に損をすることもあるんだからね。今後は新規取引に注意しろよ。

P輔　はい、気をつけます……。

――なあキミ、もっと元気出せよ。しっかりしなかったら、この難局は乗り切れないよ。これから支払いのための金策だってしなくちゃならないんだし。だろ？

P輔　いや、もう借りられないんですよ。どこからも。もう限界なんです。

――えっ？　まさかキミ、**変な業者から高利のお金を借りてる**んじゃないだろうな？　そう言えば最初に、返済があるとか言ってたな。おい、どうなんだ？

P輔　借りてます。

――いくら？

P輔　最初は50万円でした。

――で、今は？

Ｐ輔　よくわからないんです。もう何が何だか、自分でもわからないんですよ。

――冷静になろうぜ。もしかして、キミは何社も使ってるのか？

Ｐ輔　ええ。こっちで２００万円借りて、それを、あっちに返して……。

――**システム金融**だな。キミ、狙い撃ちにされてるよ。あっちの業者もこっちの業者も、みんなグルになってるっていうか、そもそも同じグループなんだよ。

Ｐ輔　でも、社名も住所も違いますよ。

――別々の会社に見せかけて、それでA社の返済日が近づいた頃を見計らってB社が貸してくれる。それを繰り返して、キミの借金を雪だるま状態にさせるやり口だよ。そいつらキミに何か言ってないか？　ただ、返せって言うだけか？

Ｐ輔　親の家を売って返済しろって。

――それが狙いだ。もしかして、向こうから声をかけてきたんじゃないか？

Ｐ輔　はい。最初は「無担保で融資する」って書いたDMが来て、その後に電話がありました。ちょうど支払い日が近かったんで、それで50万円……。

――その時の条件は？

Ｐ輔　１週間後の返済で金利は７％だったと思います。

――ピッタリ、トイチだ。**トイチってのは、10日で1割の金利**っていう意味だ。

7日で7%なら、そうなるだろ。これはね、とんでもなく高い金利だぜ。

P輔　後で僕もそう思いましたが、その時は支払いが苦しかったんで……。

――わかった。とにかく親の家は売るなよ。

P輔　いいんですか？

――いいから。あのね、**金利には法律で上限がある**んだよ。10万円以上100万円未満は年利18%まで、100万円以上は15%まで。延滞損害金も、この数字の1・46倍までだ。トイチなんていったら、年利に換算すると365%だよ。だから、キミは払わなくていい利子をかなり払ってるはずなんだ。

P輔　じゃあ、返してもらえるんですか？

――返してもらえるというのは、妥当じゃないけど、**余計に払った利子を、元金に充当する**「**引き直し計算**」という方法がある。引き直してみたら、もう余分に払った金利で、元金含めて完済しているかもしれないぞ。

P輔　そうなんですか……。もしそうなら助かりますよー。

――向こうもいろいろと言ってくるかもしれないけど、ひるむなよ。「法定金利以上は払えないし、すでに余分に払った分で、元金を相殺してくれ」と、この一点張りだ。それでも相手が言い返してくるなら、弁護士さんを紹介するよ。弁護士さんから一発連絡してもらうだけで、事態はけっこう変わるはずだからね。

P輔　やった！　元気がわいてきました。ありがとうございます。

――礼はまだ早いよ。借金地獄からは逃れられると思うけど、そのうえでエステからの入金がないんだから、そっちも解決しないといけないしね。

P輔　実は、そのエステの会社を紹介してくれたのは金融業者の人なんです。

――ええ!?　……なるほどな。そうか。キミ、完璧にはめられたな。

P輔　お話を聞いていて、なんかそうじゃないかと僕も思いました。

――これはもう戦うしかないな。**いい弁護士さん**を紹介するからやり返せ！

P輔　はい。

――ここまで来たら開き直ってガンガン戦え。いいな。私も実は借金まみれになって、しかも未回収が重なってスッテンテンになったことがあるんだ。でもね、ナニクソ、復活してやるって腹を決めて、熱い弁護士さんにも助けられながら、何とかやり直してきたんだよ。何年かかかったけど、元気になったぞ。

P輔　ホントですか？

――もちろんホントだよ。だって、失敗して終わりじゃ悔しいだろ。失敗したらさ、その分、楽しい思いをしないと損だろ。人生の帳尻が合わないだろ。とにかく絶対解決するから。だから**逃げずに戦うことだ！**

P輔　何とかなるんですよね？

——なるなる。私を見なさいよ。こうやってヘラヘラと生きてるじゃん（笑）。

P輔　ははは。そうですね。

——そうそう。よしっ、じゃあ弁護士さんにはこの後すぐに連絡するから。とにかく起業した時の勇気をもう一度振り絞って頑張れ。何とかできるよ。大丈夫！

P輔　ありがとうございます。そうですね。勇気ですよね。頑張ります！

——よーし、いいぞっ。**負けてたまるか！　それが起業家精神だ!!**

起業の絶対常識 30

中小企業倒産防止共済制度って？

取引先企業が倒産し、売掛金や受取手形などの回収が困難になった場合、あらかじめ積み立てた掛け金に応じて、掛け金総額の10倍を限度として、無担保・無保証人で共済金の貸し付けを受けられる公的制度。

加入対象は、引き続き1年以上事業を行っている中小企業者。貸付限度額は加入後6カ月以上経過して取引先が倒産し、回収不能となった額と積立総額の10倍相当額のいずれか少ない額。上限は3200万円。償還期間5年（据置期間6カ月含む）の毎月均等償還。月々の掛金は5000円から8万円の16種類。問合せは各金融機関、商工会議所などへ。

感じる人こそデキる！"自分らしい"豊かな起業人生

株式会社リクルート　『月刊アントレ』編集長　藤井　薫

「"自分自身の好きなこと"で、"自分の都合"を織り込んで、世の中の役に立つ」。そんな"自分の意志で起ち"、"雇われない生き方"を日々実践している方々に、お話を聞く機会が多くあります。羨《うらや》ましいほどの豊かな友人に囲まれて、日々を感謝し、失敗を受け入れ、反省し、輝いている方々に多く出会います。

子育てと仕事の両立を目指し起業した主婦の方。生涯現役の生き方を望み、脱サラした30、40代の方。早期退職で趣味の世界に挑戦する中高年の方……。

＊＊＊

そこには、100人100通りの起業スタイルがあります。一方で、皆さんに共通することがあります。それは、初めて出会った私に、まるで古い友人のように心開き、まるで自分の心の一部を分かち合うように、自分の好きなこと、愛して止まないものへの想いを、痛い失敗も含め感動と情熱で伝えてくれることです。"本当に好き"の定義は、何時間やっても飽き疲れないこと、誰とでも喋《しゃべ》っていて楽しいこと、だそうです。確かに私がお会いする方は、皆楽しく喋り倒します。

＊＊＊

また雇われない人は、雇われ人とは違った話し方をすることに気づきます。

起業した方は「自分の〝せい〟で失敗した」「皆さんの〝おかげ〟で成功した」と語り、何かに心を依存し、何かに支配され、何かに怯えている方は、「みんなの〝せい〟で失敗した」「自分の〝おかげ〟で成功した」と語ります。

他の誰のものでもない〝自分の人生〟を〝自分の言葉〟で話しながらも、他者の喜びを共に喜び、悲しみを共に悲しむ。そんな考え方を強く感じるのです。

＊＊＊

そして「成功する起業家の必須条件は何ですか？」と聞くと、多くの方が「人間力」と答えられます。多くの起業家との出会いを通じ、彼らの話を聞いてきた私にとっては、人間（にんげん）とは、人間（じんかん）・人感（じんかん）と読み、人と人（社会）の間に入って、人を感じて生きるものだと思えてなりません。

「怯」「惑」「憤」「惨」「愉」「恩」「想」「愛」……。

これは、「心」や「忄」を使った漢字の一例です。皆さんもこれまでの人生の中で、自分の中や他者の中に、こうした感情が立ち上がるのを感じたことがあるのではないでしょうか。だからこそ、全ての人々が、人間力（人感力）という〝成功する起業家の条件〟を持っている、と私は確信しているのです。

＊＊＊

自己と対話する、社会と対話する。自分の好きなこと、愛するものを情熱をもって発信し、自分が見たいもの・聞きたいものではなく、他者の感情をあるがままで受け入れ、静かに共鳴する。そのためには、資金やコネや経験は、関係ありません。

本書が、若き新米起業家である増田さんと、たくましい起業家になった増田さん自身との、生々しい対話という形式を取っているのにも、深い意味を感じずにはいられません。これから起業を目指す方には、是非、この対話による人間力を発揮し、豊かな〝自分らしい人生〟を送られることを心より願います。

＊＊＊

最後になりますが、アスコム第二編集部編集長の新井晋さん、情熱と誠実さでプロデュースと編集をしていただいた羽塚順子さん、そして、〝雇われない生き方〟を撰ぶ多くの人と人の間に入り、対話の大切さと楽しさを実践で伝えようと、今も全国行脚する著者の増田紀彦さんに深く感謝いたします。

正しく儲ける「起業術」

発行日　2006年4月10日　　第1版第1刷

編者　月刊アントレ
著者　増田紀彦

装丁　斉藤よしのぶ
本文デザイン　前田政昭（株式会社タンク）
DTP　山口良二
イラストレーション　本田佳世
編集協力　羽塚順子、田村康子
編集長、編集　新井晋
統括編集長　高橋克佳
編集人　日暮哲也
発行人　鈴木憲一
発行所　株式会社アスコム
アスキー・コミュニケーションズはアスコムに社名変更しました。

〒102-0083
東京都千代田区麹町5-3
第二編集部　TEL03-3239-5375
営業部　TEL03-3239-5371　FAX03-3265-7070

印刷・製本　大日本印刷株式会社

Printed in Japan ISBN4-7762-0319-7